합의의 시대를 평론하다

Chroniques des Temps Consensuels

합의의 시대를 평론하다

자크 랑시에르 지음

주형일 옮김

인간사랑

차례

6

합의의 시대를 평론하다

옮긴이 서문

합창의 자격

지난 몇 개월 동안 '남자의 자격'이란 TV 예능 프로그램의 합창단이 만들어내는 아름다운 화음이 많은 시청자들의 관심과 사랑을 받았다. 연령, 성, 직업, 목소리가 서로 다른 사람들이 모여 전문가 밑에서 각자의 역할을 부여받고 선정된 곡을 조화롭게 부르기 위해 노력한다. 단원들을 훈련시키는 전문가는 때로는 무섭게 윽박지르고 때로는 따스하게 감싸안으며 그들이 최상의 화음을 만들어낼 수 있도록 돕는다. 아름다운 화음을 내기 위해 합창단의 한 부분으로 융화된 단원들은 결국 하나의 목소리를 내는 데 성공하고 합창대회에 참가한다. 이들의 오디션에서부터 연습과정 그리고 합창대회에 이르는 과정을 보여준 프로그램은 시청자들에게 잔잔한 감동을 주었다.

서로 다른 사람들이 모여 다툼이나 갈등 없이 조화를 이루며 유기적으로 연결된 전체를 만드는 것은 모든 사람들이 꿈꾸는 이상적인 집단의 모습일 것이다. 남자의 자격 합창단은 그 이상적인 집단이 건설되는 과정과 결과를 보여준다. 그 모습을 보며 감동을 느끼는 사람들은 그만큼 갈등과 대립, 싸움으로 날을 보내는 정치인들의 모습에는 절망감을 감추지 못한다. 그러나 사실 그 둘은 본질적으로 같은 사회의 모습이다.

한국에서 불협화음이 가장 크게 나타나는 영역은 정치이다. 한국에서 정치가 실종됐다는 말은 이제 당연한 사실에 대한 증언처럼 회자된다. 정치인들에게서 대화, 협상, 타협, 합의는 찾아볼 수 없고, 서로 비방하고 욕하는 것도 모자라 폭력도 불사한다. 말로 정치를 할 수 없는 그들이 기대는 유일한 출구는 법이다. 명예훼손, 모욕죄 등으로 개인을 고소하기도 하고 중요 정책들에 대해서는 헌법재판소에 위헌 여부를 묻는다.

정치인들에게서 정치가 실종된 반면 시민들 사이에서는 정치가 흘러넘치는 것처럼 보인다. 택시를 타면 기사가 특정 정치인이나 정당에 대한 호불호를 피력하고 서너 명이 모여 잡담을 하다보면 정치인들에 대한 뒷이야기가 빠지지 않는다. 청문회, 선거 등 언론을 통해 중계되는 큰 이벤트들 앞에는 항상 사람들이 몰려들어 이러저러한 욕과 비판들을 늘어놓는다. 심지어는 술집에서 특정 정치인에 대한 문제로 싸움을 벌이다 살인을 하는 일까지도 벌어진다.

정치인들에게나 일반 시민들에게 정치는 대립과 갈등을 불러일으키는 불협화음의 진원지이다. 불협화음에 질린 사람들에게 남자의 자격 합창단이 들려주는 아름다운 화음은 천상의 소리로 들린다. 그들은 갈등 없이 조화롭게 모든 구성원이 하나의 목적을 위해 협력하는 사회를 기원한다. 그런 사회를 누구보다도 간절히 바라는 사람들은 역설적으로 가장 큰 불협화음을 만들어내는 권력자들일 것이다. 그리고 어쩌면 결국에는 화음을 만들어낼 수 있는 사람들도 그들일 것이다.

사실 화음과 불협화음은 같은 동전의 양면이다. 아름다운 화음이든 견디기 힘든 불협화음이든 그것이 가능하기 위해서는 우선 소리를 낼 수 있어야 하기 때문이다. 소리를 낼 수 없는 사람에게는 화음이든 불협화음이든 아무런 의미가 없는 것이다. 남자의 자격 합창단은 먼저 오디션을 통해 단원으로서 소리를 낼 수 있는 사람들과 배제될 사람들을 나누었다. 오디션을 통과한 사람들만이 합창을 위한 소리를 낼 수 있는 '자격'을 부여받았다. 그리고 프로그램의 원래 구성원이었던 웃기는 남자들은 소리를 낼 수 있는 자격을 갖고 있었다. 전문가의 탁월한 조련 덕분에 자격을 가진 사람들은 자신의 위치를 정확히 지키면서 전체를 위한 소리를 내는 데 성공했다. 그리고 이 모든 과정은 미디어를 통해 중계된다.

한국의 정치판에서도 동일한 일이 벌어진다. 먼저 소리를 낼 자격을 가진 사람들이 있다. 그들은 선거를 통하거나 권력자의 임명을 통해 자격을 부여받는다. 그들도 거물 정치인, 관료, 학자와 같은 여러 전문가들에 의해 조련을 받는다. 각자에게는 지켜야 할 위치가 부여되고 내야 될 소리들이 할당된다. 단지 그들의 임무가 조화로운 음악을 들려주는 것이 아닐 뿐이다. 그들은 서로 어긋나는 소리를 들려주는 임무를 맡는다. 그리고 그들이 내는 소리는 자신들에게 소리를 낼 자격을 부여한 유권자의 소리를 대신하는 것으로 광고된다. 그들은 그것을 대의민주주의라고 부른다. 미디어는 역시 이 모든 과정을 이벤트로 만들어 중계한다.

시민들에게 있어서 정치를 말한다는 것은 소리를 낼 자격이 있는 사람들에 대해 말하는 것이다. 시민들은 누구의 소리가 제일 컸는지, 불협화음이 얼마나 듣기 싫은지에 대해 불평하고 누구의 자격을 인정할 것인지를 토론한다. 미디어가 가공해 제공하는 많은 정보들은 그런 이야기들의 재료이자 결과물이다. 소리를 낼 자격이 있는 사람들만이 이야기의 대상이 될 자격을 갖는다. 노래를 부를 자격을 부여받은 웃기는 남자들은 일반 시청자를 대신해 합창을 하고 미디어는 그것을 중계함으로써 시청자들에게 대리경험과 대리만족을 제공한다. 시청자들은 자신을 대신한 그들의 행적을 좇고 그들에 대해 이야기하며 즐거워하고 감동을 받는다.

남자의 자격 출연자들은 시청자들에게 웃음과 감동을 줘야 한다. 그것이 그들의 존재 이유이다. 그들의 모든 행동과 말은 그 목적을 위해 사전에 계획된다. 더 효과적으로 목적을 달성하기 위해 임기응변의 우발성이 적극적으로 권장된다. 모든 것이 웃음과 감동을 위해 조직된다는 점에서 예능 프로그램에서의 웃음과 감동은 과잉돼 있고 포화된 상태이다. 하지만 동시에 그 웃음과 감동이 실생활에서 나오는 자생적인 것이 아니라는 점에서 사실은 존재하지 않는 헛것이다. 웃음과 감동을 줄 자격이 있는 것으로 간주되는 사람들이 웃음과 감동을 주도록 모든 것을 조직해 만들어내지만 그 웃음과 감동을 느낄 사람들의 실제적 체험은 철저히 배제돼 있기 때문이다. 너무나 많은 웃음과 감동 속에 실제적인 웃음과 감동은 존재하지 않는다. 미디어가 중계하는 웃기는 사람들의 상황극만이 존재할 뿐이다.

텔레비전 예능 프로그램 안에 웃음과 감동이 사실은 지나치게 포화된 상태이며, 동시에 존재하지 않는 것과 마찬가지로 한국 사회에서 정치도 실종됐거나 과잉인 상태이다. 정치가 실종된 것은 정치인들이 정치를 잘 하지 못해서가 아니다. 오히려 그들은 자신들이 맡은 임무를 충실히 잘 수행해낸다. 여당과 정부는 정책과 법안을 만들어내고 제1야당은 그것을 비판하고 반대한다. 작은 정당들은 여당이나 제1야당과는 다른 목소리를 내려고 노력한다. 주요 정치인들과 정당들의 활동은 미디어를 통해 쉼 없이 중계되고 수많은 뒷이야기들이 생산된다. 택시기사에서 시장 할머니에 이르기까지 정치에 대해 이야기하지 않는 사람들은 없다. 정치는 과잉 포화된 상태이다. 하지만 그것은 정치를 할 자격을 가진 사람들만의 일이며 많은 사람들의 배제와 소외를 전제로 이루어지는 일이라는 점에서 사실 정치는 존재하지 않는다. 존재하는 것은 통치일 뿐이며 미디어가 중계하는 이벤트일 뿐이다.

웃음과 감동을 주는 사람들이 정해져 있는 것처럼 정치를 하는 사람들도 정해져 있다. 그들은 말한다. 웃음과 감동을 주는 일은 우리에게 맡기고 여러분은 생업에 종사하세요. 여러분이 편안히 생업에 종사할 수 있도록 정치는 우리가 책임지겠습니다. 버스 정류장 옆 좁은 가게 안에서 작은 텔레비전을 바라보면서, 눈은 텔레비전 화면에 고정시키고 기계적으로 수저로 밥을 뜨면서 우리는 그들이 제공한 웃음과 감동에 미소짓고 더러운 정치판 싸움에 분노한다. 하지만 그것은 언제나 그들의 일일 뿐이다. 우리가 배제된 채 중계되는 그 일들을 우리는 웃음과 감동의 사건이고 정치라고 믿는다. 그리고 화음에 감동하고 불협화음에 눈살을 찌푸린다.

우리는 왜 정치인들은 남자의 자격 합창단이 들려주는 화음을 내지 못하느냐고 늘 한탄한다. 그러나 그들은 그들만의 화음을 나름대로 잘 만들어내고 있다. 정작 우리가 진정으로 제기해야 하는 질문은 왜 우리의 목소리는 정치라는 합창에 포함될 권리와 기회를 갖지 않느냐 하는 것이 돼야 한다. 정치인이나 정치 관련 단체라는 자격을 갖지 못한 사람들의 목소리가 정치라는 이름으로 드러날 수 있는 기회는 봉쇄돼 있다. 우리의 목소리는 공식적으로는 존재하지 않으며, 설사 발성되더라도 정치적 행위가 아닌 불법행위이거나 문화활동이라는 딱지를 부여받는다. 우리가 합법적으로 목소리를 낼 수 있다고 인정될 뿐만 아니라 종종 목소리를 내라는 강한 권유를 받기까지 하는 기회는 목소리를 낼 수 있는 사람들을 선출하는 선거라는 제도 안에서일 뿐이다.

선거를 통해 말하세요. 그들은 이렇게 말한다. 하지만 선거를 통해 말할 수 있는 사람은 누구인가? 이미 말할 수 있는 자격을 받은 사람들만이 선거를 통해서 말할 수 있다. 선거에서는 우리의 목소리가 들리는 것이 아니라 우리의 머릿수가 헤아려질 뿐이다. 마찬가지로 남자의 자격 프로그램에서 중요한 것은 시청률이라는 이름으로 헤아려진 우리의 머릿수이다.

시청자들의 눈을 사로잡고 채널을 고정시키기 위해 예능 프로그램 종사자들은 가능한 모든 자극적인 요소들을 총동원한다. 조금이라도 자극이 느슨해지면 시청자의 손은 여지없이 리모컨 단추를 누를 것이기 때문이다. 자신의 웃음이 아니라 남의 웃음을 즐겨야 하는 시청자가 특정 예능 프로그램에 미련을 둘 이유는 전혀 없다. 그것은 자신의 목소리를 낼 수 없는 선거에 대한 참여율이 특별한 이유가 없는 한 결코 높을 수 없는 것과 같은 이유이다. 당연히 선거에 가장 열성적으로 참여하는 사람들은 정치인들이며 예능 프로그램을 가장 열심히 보는 사람들은 방송 종사자들이다.

특정 정치인이나 정당, 특정 연예인이나 프로그램에 강한 애정을 보이는 팬들은 바로 목소리를 가진 자들이 바라는 이상적인 시청자들이며 시민들이다. 자신의 목소리를 잊은 채 남이 목소리를 내는 것에 열광하는 사람들에게 무엇을 더 바랄 수 있겠는가? 목소리를 가진 자와 갖지 못한 자의 분리선을 선명하게 하는 데 기여하는 목소리를 갖지 못한 사람들에게 목소리를 가진 사람들이 무슨 말을 할 수 있겠는가? 단지 고맙고 고마울 따름이다. 그래서 그들은 항상 침이 마르도록 말한다. 여러분 사랑합니다. 그들에게 해맑게 "우리도 사랑해요"라고 답변해 주는 것은 꺼림칙하다. 적어도 나는 그렇다.

***

랑시에르의 책을 본의 아니게 두 권이나 번역하게 됐다. 이 책은 랑시에르가 10여 년에 걸쳐 신문에 연재한 시론들을 모아 편집한 것이다. 그동안 일어난 다양한 사건들에 대해 랑시에르는 자신의 관점에서 평가하고 해석한다. 신문에 실렸던 글들이지만 내용을 이해하기는 쉽지 않다. 신문과 같은 대중매체의 내용은 중학생 정도의 지적 수준을 가진 사람이라면 누구나 읽고 이해할 수 있도록 만든다는 신문학 개론 수준의 상식이 무색해진다. 독해의 어려움은 단지 사건이나 맥락에 대한 지식의 부족에서 오는 것이 아니다. 함축적이고 은유적인 방식으로 쓰인 글 자체가 일단 읽고 이해하기 어렵다. 각각 독립된 짧은 글이라 앞뒤 흐름을 따라가며 이해하는 것도 쉽지 않다. 게다가 한국 독자들은 그 글을 번역체로 읽어야 한다.

이 책에 실린 34개의 시론들은 프랑스의 정치 · 사회적 사건들에서부터 이라크 전쟁, 보스니아 전쟁과 같은 국제적 사건들은 물론 화제가 된 영화들과 전시회들 등 다양한 소재들을 다루고 있다. 랑시에르가 고민해 온 정치문제, 인권문제, 예술문제 등이 개별적 사건들과 만나면서 함축적으로 다뤄진다. 랑시에르의 생각에 어느 정도 익숙한 독자들이라면 이 책에서 그런 생각이 구체적이고 시사적인 사건들을 이해하고 해석하는 과정에 어떻게 적용되는지를 볼 수 있을 것이다. 소재가 된 사건들 대부분은 우리와 직접적인 연관성이 없는 것들이지만 글을 읽다 보면 한국의 정치현실, 지역감정, 학교 교육문제, 식민지 근대화 논쟁, 언론의 문제 등 현재 한국 사회에서 벌어지는 일들이 쉽게 연상이 된다. 때문에 랑시에르를 처음 접하는 사람들도 한국 사회의 여러 문제들을 새롭게 바라볼 수 있는 시각을 이 책에서 발견할 기회를 가질 수 있을 것이다.

각각의 글은 짧지만 번역하기는 쉽지 않았다. 일반 대중을 대상으로 신문에 실은 시론이기에 독자들이 쉽게 읽을 수 있도록 말랑말랑하게 번역하고 싶었지만 원문의 난해함을 해체하고 재조립할 능력이 없는 나에게는 불가능한 일이었다. 내가 할 수 있는 유일한 일은 껄끄러운 문장으로 번역하는 것을 무릅쓰고라도 오역을 하지 않도록 노력하는 것이었다. 그렇지만 여전히 내가 발견하지 못한 실수들이 여지없이 어디엔가 숨어 있을 것이다. 그런 암초들에 걸려 고생할 독자들에게 미리 미안함을 전한다.

2010년 10월

주형일

서문

여기 모인 시론(時論)들은 내가 지난 10년 동안 브라질의 주요 신문인《폴라 데 상파울로(*Folha de Sān Paulo*)》의 부탁으로 쓴 것들 중에서 선택한 것이다. 여기서 다룬 주제들 중 일부는 신문사가 내게 제안한 것들이다. 대부분의 주제들은 국가적 논쟁과 세계적 분쟁, 새로운 전시회나 영화 등 사람들이 뉴스라고 부르는 것들이 제공한 사실들 중에서 내 자신이 선택한 것들이다.

그런데 시론은 지나가는 시간의 사건들에 응답하는 방식은 아니다. 왜냐하면 지나가는 시간은 사건들에 대해 모르기 때문이다. 사건들은 항상 시간을 멈추는 방식들이며, 사건을 사건으로 식별하게 만드는 시간성 자체를 구성하는 방식들이다. 시론을 말하는 자는 지배를 말한다. 그것은 왕의 활동무대가 아니라 시간을 나누어 읽는 것이며 영역을 그리는 것이다. 또한 시론은 일어나는 일의 일정한 구성이자 주목할 만한 것의 지각 양식이고 옛 것과 새 것의, 중요한 것과 부수적인 것의, 가능한 것과 불가능한 것의 해석 체제이다.

나는 오늘날을 지배하는 것을 '합의'라는 명칭 하에 요약할 수 있다고 믿었다. 그러나 합의는 세태에 환멸을 느낀 문학이 기꺼이 묘사하는 그런 것—작은 차이에 대한 숭배 자체 안에서 모든 것이 일치하고, 강한 열정들과 큰 이상들이 자기도취적 만족들의 화해에 자리를 양보하는 세상의 모습—이 아니다. 20년 전에 장난을 치고자 했던 사람들은 민주주의의 제도들을 그것의 풍습들에 충돌 없이 일치시켰을 이 새로운 분위기를 칭찬했다. 오늘날 심각하길 원하는 사람들—대부분 같은 사람들—은 "대중 개인주의"의 지배에 의해 만들어진 거대한 집단적 덕목들의 쇠퇴를 고발하며 그 안에서 모든 독재의 뿌리를 발견한다. 지적 논쟁들을 위한 이러한 용감함의 레퍼토리들이 갖는 공통적 기원은 잘 알려져 있다. 즉 그들은 토크빌에게서 민주주의의 부드러운 풍습에 대한 찬사와 예속되는 성향에 대한 고발을 빌려오기도 한다.

이 책에서 우리는 합의가 정신들과 육체들의 그런 화해가 아님을 보게 된다. 새로운 인종차별주의와 민족말살, "인도주의적" 전쟁과 "테러에 대한 전쟁"은 여기에서 평론된 합의의 시대의 핵심에 위치한다. 전면적 전쟁과 급진적 악에 대한 픽션 영화들 또는 나치의 민족말살에 대한 해석을 둘러싼 지적인 논쟁들 또한 여기에서 많은 부분을 차지한다. 합의는 평화가 아니다. 그것은 전쟁의 작전지도이며 전쟁과 평화를 담고 있는 가시적인 것, 생각할 수 있는 것 그리고 가능한 것의 지형도이다.

합의가 실제로 의미하는 것은 사람들 사이의 일치가 아니라 의미와 의미의 일치이다. 즉 사물들을 제시하는 감각 체제와 사물들의 의미의 해석양식 사이의 일치이다. 우리를 지배하는 합의는 그것이 시각기계인 한에서 권력기계이다. 합의는 세계의 상태에 대한 두 개의 제안—하나는 마침내 평화라고 말하고 다른 하나는 이 평화의 조건을 이야기한다. 즉 있는 것만을 있다고 인정하는 것이다—을 화해시키면서 모두가 볼 수 있는 것만을 확인한다고 주장한다. 이 호두껍질 안에서 유토피아와 역사의 종말에 대해 전개된 주장들이 요약될 수 있다. 전쟁의 시대가 있었을 것이다. 그 시대에 사람들은 존재하는 것보다 더 많은 것을 바랐다. 경제집단들뿐만 아니라 사회계급들도, 인구뿐만 아니라 인민도, 일치시켜야 할 이해관계들뿐만 아니라 분쟁 중인 세계들도, 예측할 미래뿐만 아니라 해방시킬 장래도 더 있기를 바랐다. 우리는 이 모든 추가분들 또는 이 모든 유령들로부터 해방되기 위해, 이제는 있는 것이 유일한 것이라는 것을 알기 위해 평화로워질 것이다.

평화는 단지 자신의 다음과 같은 명백함을 너무 자주 회피한다. 즉 노동조합은 있는 것만이 유일하다는 명제를, 정부만이 있는 것과 있게 될 것을 연결할 줄 안다는 명제를 부정한다. 또 극단적 정당들은 혈통이 다른 이방인에 대한 전쟁을 불러일으킨다. 그리고 새 전쟁들은 학살된 몸 위에 땅과 피의 권리들을 새긴다. 테러와 테러에 대한 전쟁은 서로 충돌한다. 따라서 합의는 시각과 해석의 기계이다. 이 기계는 쉼 없이 외형을 재건해야 하고 전쟁과 평화를 그것들의 자리에 돌려놓아야 한다. 원칙은 간단할 수 있다. 전쟁은 다른 시간, 다른 곳에서만 일어난다고 기계는 말한다. 즉 아직 땅과 피의 어두운 법을 따르는 나라들에서, 어제의 전투들과 낡은 특혜들에 매달리는 사람들의 케케묵은 긴장 속에서 일어난다고 말이다. 그러나 다른 곳이 여기라고 확언하고 과거가 현재라고 확언하기 때문에 합의의 기계는 쉼 없이 공간들의 경계와 시간들의 단절을 다시 그려야 한다.

공간들을 나누기 위해서는, “케케묵은” 전쟁들을 합의의 세계의 가장자리에 놓기 위해서는 종종 폭탄이 필요하다. 시간은 보다 쉽게 조종될 수 있다. 합의는 시간의 현실이 하나이고 불가피한 것이라고 확언한다. 그러나 그것은 시간의 사용들을 더 증가시키기 위해서이고 시간의 현존에 이의를 제기하지 못하게 하는 현재의 강압적인 시나리오들에, 반항자들—근대성의 절름발이들이나 유토피아의 잘못 치유된 생존자들—을 한 곳에 몰아넣는 과거의 시나리오들에, 모든 에너지들의 펼침을 지휘하는 미래의 시나리오들에 시간을 복종시키기 위해서이다. 여기 모인 시론들은 현재에 대한 쉼 없는 진단과 기억상실의 정치들, 과거와의 작별, 기념, 기억의 의무, 과거가 알려지기를 거부하는 이유들에 대한 설명, 행복하다고 주장하던 미래들과의 결별, 새 세기와 새 유토피아들에 대한 찬양과 같이 시간에 맡겨진 굴곡들을 분석하는 데 전념한다.

따라서 시론은 이 합의의 놀이들을 분석하기 위해 자신의 조사지역들을 옮겨야 하고, 시간의 다른 흔적들을 보러 가야 하며, 자신의 고유한 시간 시나리오들을 발명해야 한다. 예를 들어 크로넨버그[1]의 픽션 기계들이나 매튜 바니[2]의 설치작품들을 졸라[3]나 피카비아[4]의 작품들과 충돌시키는 것이다. 오늘날의 전시회에서 실제 현존에 대한 그리스도적 찬양이 고문서의 정치에 맞서는 것을 보는 것이다. 악의 새로운 픽션들, 역사 영화들이나 재난 영화들 안에서 현재가 스스로 부여하는 얼굴을, 또는 영상의 소유권에 대한 법률적 논쟁 안에서 가시적인 것의 정치적 지위가 사라지는 방식을 보는 것이다.

그렇지만 이 시론들은 시간의 신호들을 분류·정리한다고 주장하지 않는다. 그것은 여전히 합의의 논리에 속하며, 시간의 증상들을 쉼 없이 청진하는, 그리고 사회집단의 모든 문제들에 관심을 기울여 거기에서 항상 똑같은 악—현재에의 적응 부족과 미래에의 신봉 부족—을 식별해내는 그것의 해석기계에 속하는 일이다. 합의는 하나의 현실만이 있으며 그것의 기호들을 소진해야 한다고 말한다. 공간 안에 경계를 다시 긋는 한이 있더라도 하나의 공간만이 있으며, 시간의 모습들을 증식시키는 한이 있더라도 하나의 시간만이 있다고 말한다. 그 결과로 합의는 우리에게 동의할 것만을 요구한다. 국민투표라는 최근의 사건은 그것에 대한 가장 적나라한 삽화를 제공했다. 우리에게 예 또는 아니오라는 선택을 제안할 때조차도 합의는 우리가 무(無)의 숭배자임을 자백하게 될지도 모르지만 우리가 예라고 말할 것을 기대한다. 왜냐하면 합의가 아는 유일한 대립관계들은 현재와 과거, 확언과 부정, 건강과 병의 대립관계들이기 때문이다. 이 대립관계의 놀이 안에서 남김 없이 사라져야 하는 것은 특정한 갈등의 가능성 그 자체이다. 있는 것 위에 가해지는 갈등, 어떤 현재와 다른 현재를 대립시킨다고 주장하는 갈등, 보이는 것, 생각할 수 있는 것 그리고 가능한 것을 묘사하는 여러 방식들이 있다고 확언하는 것이 그런 것들이다. 이 다른 방식은 이름을 갖고 있다. 그것은 정치이다. 뒤에 이어지는 시론들은 나름대로의 방식으로 그것의 공간을 다시 열려 노력한다.

주

1 David Paul Cronenberg(1943–). 캐나다의 영화감독, 제작자, 시나리오 작가. 주로 육체를 변형시키는 공포 영화들을 제작 · 감독했다.

2 Matthew Barney(1967–). 미국의 설치미술가. 인간의 육체 일부를 변형시킨 설치작품이나 영화 등을 만들었다.

3 Émile Zola(1840–1902). 프랑스의 자연주의 소설가.

4 Francis Picabia(1879–1953). 프랑스의 화가, 시인.

머리와 배

1996년 1월

예전에 엘리트들은 인민에게는 믿음이 필요하다고 말하곤 했다. 그러나 오늘날 믿음이 필요한 것은 오히려 엘리트들이다. 우리의 현실주의적 통치자들이 플라톤적 유토피아에 대해 어떤 확신을 갖지 않았다면 그들은 자신들의 임무를 완수할 수 있었을까? 국가나 개인이나 똑똑한 머리가 굶주리고 무지한 배에 명령을 내려야 한다. 플라톤의 시대에 철학자들은 머리를 지나치게 하늘을 향해 돌리고 있었고 때때로 우물 안에 떨어졌다. 오늘날 우리 통치자들의 머리는 월별 지표들, 시장의 일일 반응들 그리고 전문가들의 단기·중기·장기 예측들을 그들에게 알려주는 텔레비전을 향해 있다. 따라서 그들은 배가 내일을 위해, 그리고 내일의 배를 위해 오늘 희생해야 한다는 것을 너무나 잘 안다. 그들은 더 이상 선과 정의의 흐릿한 요구들에 대해 무지한 군중들을 설득할 필요가 없다. 그들은 정확히 숫자로 표현된 객관적 필요가 명령하는 것을 세상 사람들에게 보여주기만 하면 된다. 이것이 결국 '합의'라는 말이 의미하는 것이다. 합의는 관련 당사자들의 일치를 허용하는 토론과 대화의 덕목들을 찬양하는 것처럼 보인다. 더 자세히 들여다 보면 이 말은 정확히 그 반대를 의미한다. '합의'가 의미하는 것은 문제에 대한 자료들과 해결책들이 너무나 명백해서 모든 사람은 토론거리가 아무것도 없다는 것을 확인할 수밖에 없고, 정부는 할 필요조차 없는 이러한 확인을 예측할 수 있다는 것이다.

바로 이런 방식으로 프랑스 수상은 국민들에게 앞으로 사회예산의 적자를 메우고 퇴직연금 체제의 균형을 맞추기 위해서 국민들이 몇몇 전통적 사회보장들을 포기해야 하고 공무원들이 퇴직연금을 받기 위해서는 더 오래 일해야 한다고 발표했다. 대중교통 수단의 총파업 앞에서, 그리고 한겨울에 그들을 걷게 만들었던 철도노동자들 및 버스운전사들과 같은 "특혜받은 자들"에 반대해 흥분하는 국민들의 얼마 남지 않은 열광 앞에서 지능의 정당은 자문하기 시작했다. 어떻게 반드시 필요한 영역의 사람들이 분명히 필요한 개혁을 거부할 수 있었는가? 그들에게 개혁에 대해 설명하지 않았기 때문이라는 결론이 내려졌다. 그들은 설명에 착수하기로 했다.

그럼에도 불구하고 사건은 아주 이상하다. 왜냐하면 오랜 시간 동안 권력과 미디어는 국민에게 우리 정부가 하는 것 외에는 다른 할 일이 없다고 설명해 왔기 때문이다. 어떻게 이 교육방법의 덕목들을 포기하지 않을 것인가? 그것은 사실 그 설명이 단순해 보이는 것만큼이나 이상하기 때문이다. 통치자들은 합리적이지 않은 인민이 이해하기에는 자신들이 너무 합리적이라고 말한다. 어떻게 똑똑한 머리가 똑똑하지 않은 배에 의해 이해될 만큼 충분히 멍청해질 수 있는가? 어떻게 원래 이해하지 못하는 사람들을 이해할 수 있도록 만들 수 있는가? 엘리트 집단의 몇몇 사상가들은 자기 방식대로 방법을 발견했다. 그것도 역시 플라톤적이다. 머리와 배 사이에는 심장이 있다.

그러면 우리가 국민에게 심장의 언어로 말한다면 … 불행히도 심장이 이 문제들에 대해 말할 수 있는 것을 가르쳐 주는 학교는 없다.

다른 가설이 남는다. 어떤 진지한 통치자도 이 가설을 인정하지 않을 것이다. 왜냐하면 이 가설은 통치자의 믿음의 기반들을 파괴하기 때문이다. 무지한 배들에게 설명한다는 것이 아무런 효과가 없다면 그것은 무지한 배들이 그것을 아주 잘 이해하고 있으며 그 설명이 설득력 있다고 판단하지 않기 때문이다. 다시 말해 그들은 무지한 배들이 아니라 똑똑한 머리들이기 때문이다. 통치자들에게는 끔찍한 이 가설은 본래 정치라고 불리는 것의 기반이 된다. 몇몇 사람들은 정치와 통치기술을 계속 혼동하지만 정치는 끊임없이 통치기술에 반대하는 것이다. 정치는 사람들의 문제에 전념하는 방식이다. 그 방식은 어떤 사람도 다른 어떤 사람만큼이나 똑똑하다는 미친 생각을, 적어도 이미 행해진 일 외에 해야 할 다른 일이 하나는 항상 있다는 미친 생각을 기반으로 삼는다. 우리의 엘리트들은 이렇게 말한다. 풍요로운 시대에는 그래도 됐다. 우리는 더 이상 이 부조리한 것들의 비싼 값을 치를 수 없다. 우리의 생각하는 머리들로 필연성의 법칙들을 배우자. 그리고 어리석은 배들로 하여금 필수적인 것은 필수적이라는 것을 확인하게 만들자.

여기에서 사건의 본질이 나타난다. 플라톤적인 입법자의 생각하는 머리는 배를 유용하게 통치하기에는 배로부터 너무 멀리 떨어져 있다는 비난을 받았다. 우리 통치자들의 머리는 역전된 불행으로 고통받는다. 즉 그 머리는 자신을 다른 것과 구별할 능력이 없는 것이다. 통치하는 지능은 오늘날 풍요로움의 거대한 세계적 배의 자동성의 지식일 뿐이다. 통치하는 자와 통치받는 자 사이의 대립은 그래서 이상적 배와 평범한 경험적 배들 사이의 대립이 됐다. 아마도 이것이 바로 합의의 궁극적 의미일 것이다. 우리를 통치하는 머리가 이상적 배일 뿐이라는 것 말이다. 옛날 방식의, 군사적 방식의 정부들은 단 하나의 머리만이 있어야 한다고 말하곤 했다. 우리 정부들의 명령어는 유지하는 것이다. 즉 단 하나의 배만이 있어야 한다는 것이다. 여기에서 최근의 프랑스 파업과 같은 갈등들의 상징적 폭력이 나온다. 관찰자들은 로날드 레이건[1]과 마가렛 대처[2]가 노동조합들의 힘을 완전히 부수기 위해 성공적으로 사용했던 무력시위를 그것과 비교했다. 요컨대 거기에서 정부들은 배의 독점을 위한 전투를, 욕구체계는 단 하나의 중심과 단 하나의 작동방식만을 갖는다는 것을 인정하게 만드는 전투를 수행했다.

대중들의 나쁜 의지에 직면해서 우리 엘리트들은 '모 아니면 도'라고 말한다. 단지 도가 될 일이 거의 없을 뿐이다. "무지한 자들"이 단 하나만 알아차리면 된다. 배의 정부에 동일시하면서 지능의 정부는 지능에 인정된 단 하나의 특권을 포기했다. 미래를 담당할 권리 말이다. 헛되이 우리 정부들은 그들의 전문가들을 통해 그들이 오늘 요구하는 희생들을 합리화하는 장기 예측들을 가져오도록 한다. 오늘의 증시가 상승장이고 "시장"이 장래의 조치들에 "잘 반응"했다는 단 하나의 소식이 "무지한 자들"을 교육시키는 데 충분하다. 이 장래를 투기의 일상으로 귀착시키면서 말이다. 따라서 기계가 고장나고 게임이 점차 완전히 역전되기 위해서는 작은 배들이 프랑스의 대중교통 수단 노동자들이 했던 것처럼 그들의 "특권"이라고 통치자들이 부르는 것을 지키기 위해 고집을 부리면 된다. 그러면 생각하는 머리들은 부유한 거대한 익명의 배의 기관들일 뿐이라는 비난을 듣게 된다. 반면에 탐욕스러운 작은 배들은 똑똑한 존재들처럼 말하기 시작하고, 우리 통치자들이 잊어버린 장래를 담당할 권리를 요구하기 시작한다. 이 광기들은 잠깐 동안만 지속될 것이라고 현자들은 말한다. 가끔 사회들이 이처럼 갑자기 두세 개의 말도 안 되는 것들—지능은 세계에서 가장 잘 분할된 사물이다. 그리고 불평등 자체는 평등 때문에만 존재한다—을 다시 배우는 일이 남는다. 이 말도 안 되는 것들은 단지 정치가 어떤 의미를 갖게 만드는 것일 뿐이다.

주

1 Ronald Reagan(1911–2004). 1981–1989 제40대 미국 대통령.
2 Margaret Thatcher(1925–). 1979–1990 영국 총리.

사라예보의 보르헤스

1996년 3월

자신의 중요한 책 『말과 사물』의 서문에서 미셸 푸코[1]는 "어떤 중국 백과사전"의 우스꽝스러운 분류법에 대해 이야기했다. 호르헤 루이스 보르헤스[2]가 인용한 이 분류법은 동물들을 "황제 귀속 동물", "방부처리된 동물", "젖 돼지", "미친놈같이 날뛰는 동물", "항아리를 깬 동물" 등과 같은 카테고리로 나누었다. 동일자와 타자에 대한 모든 카테고리들을 무너뜨리는 이 목록들을 보면서 우리가 받는 충격은 바로 '그것'을 생각하는 것이 단순 명료하게 불가능하다는 것에서 온다라고 푸코는 말했다.

겉보기에 서구의 이성은 그 때 이후로 진보했다. 그리고 강대국들의 생각하는 정치적 머리들은 최근에 세 민족—세르비아 민족, 크로아티아 민족, 이슬람 민족—이 '사실상' 보스니아 헤르체고비나 분할을 인정하는 옛 유고슬라비아를 위한 평화협정을 후원했다. 이 목록은 보르헤스가 발명한 것보다 분명히 상상력에서는 더 큰 빈약함을 보여주지만 그것만큼이나 엉뚱하다. 철학자는 우리에게 어떤 공통의 장르 안에 크로아티아 종족과 이슬람 종족을 구분하는 법을 가르칠 수 있을까? 어떤 민속학자가 우리에게 "이슬람 민족"을 구분하는 특징들이 무엇인지 말할 수 있을까? 우리는 어떤 모델에 입각해 여러 변형들을 상상할 수 있을 것이다. 예를 들어 아메리카의 한 나라는 기독교 민족, 여성 민족, 무신자 민족 그리고 이민온 민족으로 나누어진다. 사람들은 여기에 농담거리는 없다고 말할 것이다. 나도 그렇게 생각한다. 헤겔[3]은 세계 역사의 큰 비극들은 희극으로 다시 연출됐다고 말했다. 여기에서는 반대로 바로 익살극이 비극이 된다. 보스니아 전쟁은 한 나라를 분할하기만 한 군사작전이 아니다. 그것은 동일자와 타자의 카테고리들을 사용하는 방식—이 방식은 우리의 논리를 전형적 방식으로 뒤흔든다—을 차가운 이성의 "객관적 자료"로 강제하기도 한 군사작전이다.

만약 우리가 고전적 용어로 보스니아 전쟁을 묘사한다면 그 전쟁은 세르비아와 크로아티아라는 두 국가가 보스니아 헤르체고비나라는 다른 국가에 맞서 그 지역의 민족통일주의자들의 지지 속에서 따로따로 전개한 병합전쟁이었다. 그러나 공격자들의 모든 시도는 이 고전적 묘사 대신에 상황에 대한 새로운 묘사를 강제하는 것이었다. 그것에 따르면 현지에서 서로 대립했던 것은 자신들의 정체성과 역사 그리고 문화 때문에 공존할 수 없었던 세 민족이었다. 이 묘사에 대한 논리적 장애물은 보스니아 민족이 없었다는 것이고, 보스니아 헤르체고비나에 살던 다양한 뿌리와 지역을 가진 사람들은 우리가 태양 아래서 그렇게 공존하듯이 그럭저럭 수세기 전부터 공존하고 있었다는 것이다. 그러나 우리는 헤겔 이후로 죽음이 변증법적이라는 것을 안다. 그리고 민족청소의 시체저장소들은 문제를 해결했다. 타자를 타자로서 죽이는 것은 자신의 정체성을 구성하고 모두에게 그리고 자기 자신에게 이 정체성의 명백함을 강제하는 가장 확실한 방법이다. 세르비아 공격자들은 체계적으로 점령지역의 이슬람 사람들을 학살하면서 이슬람 사람들이 분명히 하나의 민족이라는 것을 사실로써 증명했다. 물론 종교적 신념에 의해 규정된 하나의 "민족"이란 아무런 의미가 없는 것이다. 그러나 문제는 기준들이 이치에 맞느냐 하는 것이 아니다. 기준들이 존재하고 그것들이 지도 위에 있는 선과 특별한 차이 사이의 일치를 가능하게 하면 되는 것이다.

알다시피 이 일치는 강대국들의 지정학적 이유라는 특정한 이유가 요구하는 것이다. 또한 강대국들은 공격자들의 영토에 대한 야망들을 억제하면서 그들에게 본질적인 것을 허용한다. 각각의 민족에게 각자의 영토를 허용하는 분할의 원칙이 갖는 "합리성"이 그것이다. 겉보기에 강대국들은 초국가적 유럽의 위대한 선언들과 바로 그 유럽의 작은 모퉁이에서의 "민족"의 절단 사이에서 발견될 수 있는 모순에 별로 신경 쓰지 않는 것 같다. 그러나 아마도 모순이 없을 것이다. 강대국들의 논리는 단순한 분할에 기초한다. 초국가적 큰 공간들은 민주주의를 위한 것이다. 옛 공산주의 세계의 국가들은 그들의 의회제도들을 통해, 그리고 특히 상업의 발달과 국가 재정의 통제를 통해 그들이 사람과 자본의 지구적 거대한 교류 안에 들어가는 데 적합한 "좋은 학생들"이라는 것을 증명할 때 그 큰 공간들에 접근할 수 있을 것이다. 세계의 나머지 국가들은 그들의 발달상태가 그들에게 민주주의라는 "명품"을 허용하지 않는 한 출생, 종족, 종교라는 "자연적" 기준들에 따라 옛날식으로 분할되고 통치되는 게 더 낫다. 이 논리 하에서는 영토를 갖게 된 세 민족이 규정 불가능하고 나누어진 인민보다 더 낫다. 찾을 수 없는 "이슬람" 민족은 서구 이성의 가장 변함 없는 분할 안에 아주 자연스럽게 머문다. 그것은 보르헤스의 글이 보여준 것과 동일한 분할이다. "이슬람"이란 것은 "동양"이다. 그리고 보스니아의 분할은 옛 유럽의 한복판에 이상적 분할의 선이 지나가도록 하는 방식이다. 이 분할의 선은 공통의 합리적 번영의 미래를 향해 나아가는 서구 이성의 세계와 비합리적 분류법들에, 그리고 부족, 종교, 가난이라는 깜깜한 정체성의 법에 무한한 시간 동안 매달리는 "동양" 세계를 나눈다.

일본을 서방에, 보스니아를 동양에 위치시키는 이 상징적 지리학은, 그리고 민주주의적 보편성을 부(富)의 세계적 법과 점점 더 동일시하는 이 정치적 상상계는 사라예보의 동쪽에서 25세기 전에 일어났던 것을 잊을 뿐이다. 그 시기에 클레이스테네스[4]란 이름의 아테네 사람이 이상한 개혁을 그의 동료시민들이 받아들이게 만들었다. 그 때까지 아테네 사람들은 세습적 부동산 소유권을 주장하는 귀족들의 지역 관할지들에 의해 지배받는 속지적 부족들로 나뉘어 있었다. 클레이스테네스는 이 자연적 분할을 인공적 분할로 대체했다. 이후로 각각의 부족은 제비뽑기를 통해 분리된 영토집단들—하나는 도시, 하나는 해변, 하나는 내륙지역—로 구성됐다. 이 영토 구역들은 그리스어로 데모스(démos)라고 불리었다. 그리고 클레이스테네스는 이렇게 민주주의를 발명했다. 민주주의는 단지 "인민의 권력"이 아니다. 그것은 특정한 유형의 인민의 권력이다. 이 인민은 출생의 낡은 권력과 그것을 계승하도록 아주 자연스럽게 제공되는 권력, 부의 권력을 동시에 몰아내기 위해 아주 인위적으로 "발명된" 인민, 출생의 차이 이전에 다른 곳이 아닌 이곳에서 태어났다는 사실의 단순한 우연성을 확언하는 인민, 의심스러운 태생적 분리에 맞서 영토의 추상적 쪼갬을 대립시키는 인민이다.

민주주의는 우선 다음과 같은 것이다. 출생의 법과 부의 법의 폐지, 개인들과 국민들이 어떤 장소에 있도록 만드는 순수한 우연성의 확언, 이 단 하나의 우연성을 기반으로 공통의 세계를 건설하려는 시도. 그리고 바로 정확히 이것이 보스니아 전쟁에서 문제가 된 것이다. 세르비아와 크로아티아의 공격자들에 맞서, 또한 하나의 정체성을 가진 이슬람 보스니아라는 주장에 맞서 보스니아의 민주주의자들은 단일 공화국의 원칙—한 영토 안에서 공통의 법이 공존의 단 하나의 원칙이 되는 것, '데모스' 로서의 인민—을 확언하려 했다. 실제로 승리를 거둔 것은 다른 인민이다. '민족(ethnos)' 으로서의 인민, 혈연과 조상들의 법—비록 그것들이 신화적이라 하더라도—에 의해 하나가 된다고 간주되는 인민 말이다. 이 승리는 아마도 유럽의 작은 부분에서 일어난 단 하나의 지역적 사건만은 아닐 것이다. 아마도 곳곳에서 내일 민족적·종교적 주장 또는 다른 정체성 주장들이 쇄도할 것이라고 말하는 예언들을 차분히 받아들여야 할 필요가 있을 것이다. 그러나 "사회주의자들"과 "자유주의자들"이 함께 민주주의 정부를 부의 세계적 법과 동일시하는 한은 조상들의 법과 "민족들"의 분리에 대한 지지자들은 자신들을 부의 권력에 대한 유일한 대안이라고 소개할 것이다. 그리고 적합한 분류법들은 그들에게 결코 부족하지 않을 것이다. 왜냐하면 사람들이 정치적 이성의 첫 번째 단어가 정치적 질서의 우연성에 대한 인정이라는 것을 잊을 때 모든 부조리는 합리적인 것이 되기 때문이다.

주

1 Michel Foucault(1926–1984). 프랑스의 철학자.

2 Jorge Luis Borges(1899– 1986). 아르헨티나의 소설가.

3 Georg Wilhelm Friedrich Hegel(1770–1831). 독일의 철학자.

4 Cleisthenes(BC 570?–BC 508?). 고대 그리스의 정치가. 아테네 민주정을 창시한 인물.

세기말과 새로운 천년

1996년 5월

고 미테랑 대통령[1]은 "시간에 시간을 줘야 한다"고 즐겨 말했었다. 그의 뒤를 이은 불행한 후보자인 리오넬 조스팽[2]은 나라를 세 번째 천년에 들어가도록 한다는 것을 자신의 첫째 공약으로 삼았었다. 분명히 기다려야 하는 시간과 기다리지 않는 시간에 대한 격언들은 국가들이 가진 지혜의 일부분이며, 결과적으로 우리 통치자들의 수사학의 일부분이다. 그러나 그것들은 모두 천년의 끝이자 세기의 끝이 그것들에 제공하는 잉여가치를 잘 보여준다. 시간에 시간을 줘야 한다고 말하는 것은 시간의 진전을 새 시대의 도래와 동일시했던 혁명과 공산주의의 시대에 대한 역사적 심판자의 자리에 앉는 것이다. 그것은 결국 우리에게 시간은 시간일 뿐이라고 말하는 것이다. 즉 설탕이 녹고 풀이 자라기 위해 필요한 축소할 수 없는 시간간격이 있다. 역으로 2000년 1월 1일을 미리 모든 우리의 생각과 노력들을 필요로 하는 새 시대의 시작으로 보는 것은 시간이 시간 이상의 것이며 새로움과 삶을 생산하는 마르지 않는 힘—우리는 죽지 않기 위해 이것에 우리 자신을 동일시해야 한다—이라고 반대로 우리에게 말하는 것이다.

세기말과 천년주의의 서로 대조되는 회의론적 말들은 지배적인 생각을 특징짓는 현실주의와 유토피아의 이상한 혼합을 잘 보여준다. 만약 현자들의 이야기들을 믿는다면 우리의 세기말은 마침내 정복된 현실주의의 시대이다. 우리는 맑스주의를 땅에 묻었고 유토피아를 내쫓았다. 우리는 그것들을 가능하게 만든 것—의미와 약속의 담지자로서의 시간에 대한 믿음—조차도 땅에 묻었다. 이것이 "세기말"이 의미하는 것이다. 몇 년 전부터 그 주제가 맹위를 떨쳤다. "세기말"은 사람들이 "역사"를 믿고 목표를 향해, 진리의 현현이나 해방의 완수를 향해 나아가는 시간을 믿었던 시대의 끝이다. 일반적으로 세기말들의 임무는 과거를 묻는 것이다. 그러나 우리의 세기말은 이 시대의 임무 안에 아주 특수한 원한의 흔적을 남겨놓는다. 우리에게 세기의 모든 끔찍한 짓들을 쉼 없이 환기시키는 것을 전공으로 삼은 사상가들은 그것들이 모두 근원적 죄에서 기인한다고 또한 쉬지 않고 설명한다. 역사가 의미가 있다고, 그리고 인민들이 그것을 실현해야 한다고 믿었던 것이 그 죄이다. 그리고 우리 시대가 너무나 좋아하는 기념식들조차도 추도의 의미를 갖게 됐다. 예전에 기념식들은 우리에게 역사의 의미를, 다시 말해 과거에 대한 빚과 장래에 대한 과거의 약속을 완수해야 하는 우리의 의무를 일깨워야 했다. 오늘날 기념식들은 반대의 기능을 한다. 사람들이 역사를 믿었던 시대를 다시 땅에 묻거나 적어도 그것과 이국적인 거리를 두는 것이다.

따라서 우리는 당연히 더 이상 약속들을 믿지 않는다. 우리는 현실주의자들이 됐다. 혹은 어쨌든 우리의 통치자들과 현자들이 우리를 위해서 현실주의자들이 됐다. 그들은 가능한 것—그렇게 많은 가능성을 제공하지는 않는—에 매달린다. 그 가능한 것은 아는 사람들이 조심해서 조작한다면 느리게 전진하는 작은 것들로 이뤄져 있다. 우리는 내일이 노래하고 자유가 억압을 뒤엎는 것을 더 이상 기다려서는 안 된다. 우리는 단지 "경제상황"이 뒤바뀌기를 기다리라는 요청을 받는다. 현실주의적 시간의 적절한 측정단위는 현재가 아니다(기다릴 줄 알아야 한다). 그러나 먼 장래도 아니다. 그것은 경제상황의 시간이다. 즉 우리는 다음 분기나 다음해를 위해 일한다. 그래서 우리는 다음해에 일이 잘 되면 10만 명의 실업자들이 줄거나 일이 잘 안 되면 10만 명의 실업자들이 느는 것을 보기 위해 시간에 줘야 하는 시간을 매일 측정한다.

그러나 사람들은 아주 쉬운 현실주의자가 아니고, 기다려야 하는 시간의 수수함은 갑자기 다른 얼굴을 폭로한다. 그것은 바로 기다리지 않는 시간의 강렬함이다. 시간이 그의 검소한 열매를 가져오기 위해서는 "시간에 시간을 주는 것"으로는 충분하지 않다. 시간은 자유주의적 기업의 사장이 아니라 옛날식의 군주이다. 시간은 모든 점에서 복종받기를 원하고 무엇보다 더 사랑받기를 원한다. 시간은 우리가 그것의 진전을 따르기를 원하는 것만이 아니다. 시간은 우리가 그것을 앞서 가기를 원하고, 우리가 그에게 미리 우리의 사람들과 생각들을 기부하기를 원한다. 시간의 목적은 단지 느리게 가는 것만이 아니다. 그것의 목적은 결코 멈추지 않는 것이다. 인간들은 알다시피 멈추려는 나쁜 경향을 갖는다. 수십 년간의 노동투쟁들이 증명했듯이 사람들은 미래의 노동지배를 원할 수 있고, 무한한 진보의 미래를 미리 살아갈 수 있다. 그럼에도 불구하고 반대로 지금으로서는 여가시간과 노동시간을 명확히 분리하고 후자를 전자를 위해 엄격히 제한하는 것을 실행할 수 있다. 미래를 살아가는 방식이 있고 현재를 살아가는 다른 방식이 있다. 신인간과 영광스러운 노동의 유토피아들은 시간에 대한 이 이중의 평가를 헛되이 수정하려 했고, 현재와 미래, 여가와 노동이 본질적으로는 다르지 않다는 것을 증명하려 했다.

오늘날 우리의 현실주의적 통치자들과 현자들은 멸시당한 이상주의자들과 똑같은 노래를 다시 부른다. 이상주의자들과 비교했을 때 그들이 우리에게 약속한 것이 거의 없는 것은 사실이다. 그러나 그 거의 없는 것에 그들은 최대한의 조건을 두었다. 우리가 다음해에 0.2%의 성장을 더하고 2%의 실업자를 줄이려면 우리는 전적으로 동원돼야 하고, 더 이상 정신박약아들처럼 노동시간과 봉급기준의 "경직성"에 매달리지 말아야 하며, 언제든지 부름에 응해야 한다. 우리는 완전히 "유연"해져야 한다. 시간이 항상 우리를 필요로 하는 것은 아니다. 그러나 시간은 항상 우리를 필요로 할 수 있다. 그리고 시간이 우리를 필요로 할 때와 필요로 하지 않을 때를 위해서 우리는 전적으로 준비가 돼 있어야 한다. 시간은 우리에게 그것의 적은 열매들을 갖다 줄 것이다. 우리가 더 이상 스스로 멈추거나 시간을 멈추게 하지 않는다는 조건 하에서 말이다. 발터 벤야민[3]은 『역사철학 테제』에서 1830년 프랑스 혁명의 봉기자들에 대해 이야기한 바 있다. 그들은 시계를 향해 총을 발사하면서 시간의 흐름을 깨겠다는 그들의 의지를 상징적으로 보여주었다. 우리의 현실주의적 통치자들과 기업가들은 다른 장르의 이상주의자들이다. 그들도 시계를 부수고자 할 것이다. 하지만 이유는 다르다. 그 이유는 시계가 시간의 중단—노동의 끝, 가게의 영업종료, 강의에서 휴식으로의 이동, 또는 역사 강의에서 수학 강의로의 이동—을 알리기 때문이다. 바로 여기에서 슬픈 경제현실이 새천년의 커다란 신비로 승화된다. 조심스럽게 한 발 한 발 건설해야 할 장래는 우리를 부르고 기다리지 않는 미래가 된다. 그것은 우리가 서두르지 않는다면, 우리가 그것의 리듬을 따라갈 수 없도록 만드는 모든 것에서 벗어나지 않는다면 영원히 잃어버릴 위험이 있는 미래이다.

환상에서 깬 현실주의의 세기말 관리인들은 따라서 새천년의 예언가들이 된다. 그들은 우리에게 현재의 법칙, 가능한 유일자의 법칙에 대한 복종을 가르친다. 또한 그들은 지금 우리의 행동과 상상력이 가진 잠재능력들의 무한한 전개를 찬양한다. 그들은 우리에게 옛사람을 완전히 버리라고, 우리를 미래의 인간으로 만들 우리 안의 모든 에너지들을 동원하라고 권유한다. 시간은 이제 더 이상 역사, 진보 또는 해방이라 불리는 약속의 매체가 아니다. 시간은 모든 약속을 대신하는 것이다. 그것은 진리이며, 우리의 몸과 혼에 침투해야 하는 삶이다. 결국 미래학의 정수는 이런 것이다. 이 미래학은 사실대로 말하자면 우리에게 미래에 대해 별다른 것을 가르쳐 주지 않는다. 다가올 시간이 어찌될 것인지를 알고자 미래학의 책들을 읽는 사람은 일반적으로 헛되이 돈을 쓰는 것이다. 왜냐하면 미래학의 목적은 다르기 때문이다. 우리에게 미래를 알려주는 것이 아니라 우리를 미래의 존재로 만드는 것이 그 목적이다. 그래서 학교의 개혁은 항상 미래학의 약속의 핵심이다. 학교는 신화적인 장소이다. 학교는 개인의 성숙과정, 사회의 집단적 장래와 시간의 조화롭고 중단되지 않는 진전 사이의 합치를 꿈꿀 수 있는 곳이다. 피할 수 없는 큰 변화들이라는 명칭으로 앨빈 토플러[4]는 예전에 학교의 독특한 개혁에 대해 말했었다. 즉 학교는 문학, 역사 또는 수학으로 나뉘는 낡은 교육방식을 그만둬야 한다는 것이다. 학교는 이제 아동기와 청소년기, 중년과 노년 같은 삶의 나이들을 가르쳐야 한다.[5] 삶을 준비시키는 옛날식의 학교는 더 이상 관건이 아니다. 삶과 학교 두 가지 모두를 식별할 수 없게 만드는 것이 관건이며, 결국은 완전히 시간으로 된 존재들을 만드는 것이 관건이다. 왜냐하면 어떤 유토피아의 실현에도 동참하지 않는 시간은 그 자체가 마지막 유토피아가 됐기 때문이다. 우리를 유토피아와 그것의 주술에서 해방시킨다고 주장하는 현실주의는 그 자체가 여전히 유토피아이기 때문이다. 현실주의가 약속을 적게 하는 것은 사실이다. 하지만 '다르게' 약속하지는 않는다.

주

1 François Maurice Adrien Marie Mitterrand(1916–1996). 1981–1995 프랑스 대통령.
2 Lionel Jospin(1937–). 프랑스 정치인. 1997–2002 프랑스 수상.
3 Walter Benjamin(1892–1940). 독일의 철학자.
4 Alvin Toffler(1928–). 미국의 미래학자.
5 저자 주 : Alvin Toffler, *Le Choc du futur*, Paris, Denoël/Gonthier, 1984.

차가운 인종주의

1996년 7월

사회행동들의 절대적 합리화와 모든 이데올로기적 구태들의 제거를 향해 나아가고 있는 자유롭고 초국가적인 서구의 한복판에서 인종차별주의가 다시 나타나고 있다. 이 시대를 거스르는 일에 대해 놀랄 사람들이 있을 것이다. 그러나 정치학은 철학이 아니다. 철학이 아리스토텔레스에 따르면 놀라움과 함께 시작한다면 정치학은 놀랄 일은 아무것도 없다는 명제를 갖고 있다. 그리고 정치학이 즐기는 일들 중 하나는 정치학이 다른 식으로는 예측할 수 없었던 것이 얼마나 예측 가능하게 됐는지를 보여주는 것이다.

인종주의와 외국인혐오증의 경우에는 항상 설명이 미리 준비돼 있다. 사람들은 그것들을 후진성의 현상들이라고 설명한다. 그리고 후진성의 현상들은 앞을 향한 걸음의 피할 수 없는 결과들이다. 전통적 활동영역들의 위기와 이 활동들과 연결된 사회계층들의 약화 없는 경제적 근대화란 없다. 따라서 장래에 대해 위협을 받는 불안한 사람들은 퇴행적이고 원시적인 행동들을 발전시킨다. 그들은 희생양들을 찾고 "다른 사람들"에게서 희생양들을 발견한다. 일자리를 얻고 도시에서 증식하며 정치계급의 모든 배려들을 받는 외국인들이 그들이다.

이 도식들의 기원은 쉽게 식별된다. 그것들은 맑스주의의 낡은 유산—사회가 변화할 때 위협받는 쁘띠부르주아 계층들은 과거에 매달리고 반동의 모습을 보인다—에서 빌려온 것이다. 게다가 이 맑스주의는 곳곳에서 자유국가들과 그들의 지식인들의 공식 이데올로기가 됐다. 이 표면적 역설의 이유는 단순하다. 자유적 낙관주의가 선천적으로 이해할 수 없는 것이 하나 있다. 전진이 후퇴를 만들 수 있는 이유가 그것이다. 반대로 넘어설 수 없는 완벽한 지점까지 맑스주의 문헌이 이끌어낸 것이 하나 있다면 바로 그것이다. 역사가 항상 낳아야 할 것이 아닌 다른 것을 낳도록 만드는 역사-경제-사회학적 이유들에 대한 분석이 그것이다.

경제적이고 사회학적인 조건들에 의한 이 설명들의 이점은 그 조건들이 어떻든 간에 항상 설명 가능하다는 것이다. 설명이 잘 되는 이유는 아주 간단하다. 그 설명들은 결론적으로 순수한 동어반복일 뿐이기 때문이다. 즉 뒤쳐진 자들은 뒤쳐진 자들이다. 이 동어반복은 설명할 필요도 없이 그것의 명백한 반대 표현을 보장하는 장점이 있다. 즉 앞선 자들은 앞선 자들이다.

앞선 자들이 지각하는 데 어려움을 갖는 것처럼 보이는 것은 두 가지이다. 첫 번째는 타자를 향락의 장애물이자 동일성의 위협으로 느끼는 데 있어서 사회적으로 위협받거나 문화적으로 "핸디캡"을 가질 필요가 없다는 것이다. 정치학의 전문가들이 없었기 때문에 바로 정신분석학자인 자크 라캉[1]이 20년 전에 새로운 인종주의가 무한한 향락을 즐기느라 전체가 분주한 한 사회의 한복판에서 태동하고 있다고 말했다. 두 번째는 반대로, 말하는 쾌락과 사유하는 쾌락이 소위 소외된 계급들에 의해 동등하게 공유된다는 것이다. 인종차별적 말들이 항상 놀라운 성적 능력들을 약속하면서 낡은 공공 화장실 안이나 최신의 인터넷상에서 확산됐다면 그것은 그것들이 동등한 쾌락을 제공하기 때문이다. 그리고 경제사회적 비참함과 성적 비참함의 결합을 의심할 필요는 없다. 우습고 증오스럽거나 또는 단순히 열등한 타자의 특성들을 식별하는 표현들을 갖고 노는 객관적 쾌락이 있다. 왜냐하면 우선 말장난을 하는 쾌락이 있기 때문이다.

앞선 자들의 이론은 뒤쳐진 자들은 단어에 자신들의 욕구, 열정, 두려움 또는 실망들의 의미를 넣으면서만 단어들을 사용한다는 것이다. 그들의 주장에 따르면 인종차별적 말들 안에는 반드시 민중주의적이거나 대중적인 열정의 무게가 있을 것이다. 요컨대 그것이 작동하기 위해서는 그것을 믿거나 그것을 믿을 만한 아주 그럴 듯한 이유들을 가져야 할 것이다. 앞선 자들은 "뒤쳐진 자들"도 정치나 광고 메시지들의 일상적 수신자들이라는 것을 지각하지 못하는 것 같다. 그 메시지들은 모두 박식한 설명과 조롱이라는 커뮤니케이션의 두 가지 지배적 특색들 중 하나를 바탕으로 작동한다. 그리고 "뒤쳐진 자들"은 아주 잘 따른다. 한편에서 인종주의자들은 학자들처럼 말하고 학자들의 언어를 사용한다. 그들이 흑인들이 더럽거나 게으르다고 말하는 경우는 점점 줄어든다. 그들이 경제적 제약들, 문화들 사이의 적합성과 부적합성의 문제들, 관용의 한계들이 있다고 말하는 경우는 점차 빈번해진다. 결론적으로 외국인들을 쫓아내지 않으면 인종주의가 발생할 위험이 있기 때문에 외국인들을 쫓아내야 한다고 말하는 경우는 점점 더 늘어난다. 다른 한편에서 그들은 미디어 메시지들의 유통을 특징짓는 결정불능의 현실과 모호한 발언을 능수능란하게 조종할 줄 안다. 오늘날 말장난이 아닌 상품광고는 전혀 없다. 욕망의 대상이나 믿음의 형태 자체에 대한 어느 정도 발설된 의심이나 조롱을 통하지 않는 욕망의 부름이나 믿음의 요구는 전혀 없다. 사람들이 우리 사회의 질서에 동조하는 것은 체험에 뿌리를 둔 강한 믿음을 통해서가 아니라 반대로 말장난, 믿음에 대한 의심과 의견의 결정불가능성을 통해서이다.

따라서 오늘날 전개되는 인종주의는 "진보의 뒤쳐진 자들"의 일이 아니다. 그것은 계몽된 정부들과 앞선 사상의 합법화 형태들과 완전히 일치한다. 그것은 사회에 대한 묘사의 지배적 형태들과 의견의 지배적 양식, 믿지 않는 믿음의 양식, 믿지 않아도 효과가 있는 믿음의 양식을 재생산한다. 이 점에 대해서 전통적 맑스주의와 그리고 정부의 담론과 의견을 같이하는 포스트모던 사회학은 믿음의 디플레이션이 집단적 열정을 더 어렵게 만들고, 그렇게 해서 사회평화를 보장한다고 상상한다. 그러나 그와 같은 추론은 틀렸다. 불신과 의심은 보다 지적이고 보다 유희적이며 보다 개인화되고 결과적으로 보다 효과적인 열정들을, 의심하는 동조와 믿지 않는 믿음의 지배에 더 잘 적응된 열정들을 아주 간단히 생산할 수 있다.

독가스실의 존재를 부정하는 사람들의 주장이 성공하는 일이 많아지는 것은 우리에게 이에 대한 좋은 사례를 제공한다. 이 주장들은 반유태주의에 일종의 실험실에서 만들어진 순전히 "지적인" 기여를 한다. 어떤 객관적 필요도 없이, 그리고 어떤 표면적 열정도 없이 독가스실 부정 주장의 무기들을 만든 것은 바로 대학 연구자들이다. 그들은 앞선 사상이 좋아하는 주장들—"바람을 빼야" 하는 큰 단어들에 대한 의심, 종합적인 해석들과 "이원론적" 설명들의 거부—을 이용해 그것들을 만들었다. 그들은 과학은 금기를 알지 못한다고 선언했다. 그리고 "유태인 말살"은 다소 거친 말이며, 세부사항들을 조사해서 그것들이 똑같이 증명이 됐는지, 그리고 단일한 인과관계를 잘 형성하고 있는지 봐야 한다고 선언했다. 그들의 주장이 성공한 이유는 간단하다. 그들은 선택된 대상 때문에 의견의 지배적 체제에 속하는 생각의 양식들과 믿음의 형태들에게 도발적 형태를 제공한 것이다. 여러 의회들이 유태인 말살을 부정하는 것을 금지하는 법들을 만들어야 했다면 그것은 지배적 생각의 양식들이 반유태주의적 도발로 모범적으로 변하는 것을 금지하는 유일하는 해결책이었기 때문이다. 앞선 생각의 평범함이 언제든지 "뒤처진" 형태로 드러날 수 있기 때문이다.

플로베르[2]는 "계몽된 계급들이여, 계몽하라!"고 말했다. 바로 여기에 설명하기 가장 어려운 명령이 있다. 누가 소유가 보장된 것을 찾아 떠나는가? 그리고 왜 모든 점에서 통하는 이론들을 검사하는가? 아마도 단순히 그것들을 작동시킬 필요를 더 이상 갖지 않기 위해서일 것이다.

주

1 Jacques Lacan (1901–1981). 프랑스의 철학자, 정신분석학자.

2 Gustave Flaubert (1821–1880). 프랑스의 자연주의 소설가.

마지막 적

1996년 11월

외계인들이 여기에 있다. 이미 그들은 공격을 시작했다. 로스앤젤레스는 포화 속으로 사라졌다. 그리고 생포된 '에일리언' 에게 우리 지구에 원하는 것이 무엇이냐고 물어보자 그는 그가 아는 유일한 영어 단어로 'death' 라고 대답했다. 미국이 독립을 축하하는 7월 4일 아침에 젊은 대통령은 그의 군대에게 시기적절한 메시지를 전달한다. 그는 군인들에게 요약하자면 다음과 같이 말했다. 우리는 선조들처럼 더 이상 자유와 민주주의를 위해 싸우지 않는다. 우리는 생존을 위해 싸운다. 옛것보다는 훨씬 더 흥분되는 이 도전을 생각하며 참가자들은 열광했다. 백인의 두뇌와 흑인의 두 팔 사이의 모범적인 협동 덕분에 이 도전은 성공적으로 치러진다.

알다시피 이것은 「인디펜던스 데이」라는 제목으로 전 세계 극장에서 상영된 미국 영화이다. 사람들은 이 허구의 정치적 선언을 진지하게 생각할 필요가 있는지 자문할 수 있을 것이다. 생존투쟁에 대한 이런 과장은 재난 영화의 칵테일에 들어가는 충격적 자극들의 일부분일 뿐인가? 영화의 표현이 약간 불명료하게 나타나지 않았다면 그 주장은 설득력이 있을 것이다. 이 영화의 묵시록적 장면들과 특수효과들은 다른 장르 영화들과 비교할 때 아주 평범해 보인다. 반대로 조용한 아메리카의 표상은 집요하다. 말살에 직면한 대통령은 쉼 없이 자신의 어린 딸에 대해 부모로서의 일을 엄격히 분할한다. 그는 그의 가정적 덕목들의 모범을 통해 자유로운 남녀 결합들의 합법화, 깨진 가정의 재결합, 그리고 주정뱅이의 명예회복을 이끈다.

요컨대 재난의 시나리오는 이상한 부조화를 포함한다. 한편에서 시나리오는 한 나라 국민이 자신의 것이라고 생각하는 모든 도덕적 덕목들에 호소한다. 그것은 자신의 부부관계를 정상화시킨 한 조종사로 하여금 보다 효과적인 전투를 하게 만드는 약간 낡아빠진 도덕에 생기를 불어넣을 정도이다. 다른 한편에서 시나리오는 우리에게 큰 위협의 시대에는 이 사적인 덕목들에 연결돼 있던 자유와 민주주의의 공통된 이상들이 골동품 가게에 진열될 수 있다는 것을 가르쳐 준다.

따라서 우리는 좋은 가장들의 도덕적 덕목과 죽음에 대한 투쟁이 민주주의적 이상들을 완전히 승계하는 정치적 덕목 사이의 관계에 대해 질문을 던질 수 있다. 물론 우리는 여기에 그 짝을 잃은 이항논리가 지속됨을 안다. '에일리언들' 전에는 '빨갱이들'이 로스앤젤레스나 샌프란시스코에 상륙하리라 기대했다. 이 시기에 미국의 승리를 보장하는 것은 치명적 적들에 대한 자유와 민주주의의 승리의 보장이었다. "빨갱이"나 "시체" 중 무엇이 되는 것이 더 나은지 알기 위해 사람들은 싸우거나 싸우는 척했다. 사람들이 빨갱이가 될 위험이 더 이상 없다면 남은 유일한 위협은 죽는 것이다. 그리고 최고의 전투적 표현은 '죽는 것보다는 사는 것이 낫다(better alive than dead)'라는 간단한 것일 수 있다.

추론은 논리적이다. 그렇지만 이 허구적 논리는 현대의 정치학과 사료편찬의 지배적 음색에 비해 독특한 소리를 들려준다. 후자는 실제로 우리에게 소련제국의 붕괴는 더 이상 두 개의 적대적 블록으로 분할되지 않는 세계 안에서의 자신의 이상들을 확정적으로 재확인한 민주주의의 승리라고 말한다. 전체주의적 적에 대한 승리는 평화의 지배와 민주주의의 지배를 동일한 것으로 만든다. 현대의 모든 사료편찬 학파는 우리 세기의 혁명적 순환주기의 이 끝을 프랑스 대혁명이 연 혁명적 민주주의의 오랜 순환주기의 끝과 동일시한다. 공동체의 급진적 재건설에 대한 혁명적 주장은 한동안 민주주의를 이데올로기의 빈 자리에, 그리고 테러의 폭력에 연결시켰을 수 있다. 우리는 거기에서 방금 빠져나왔다. 오늘날 우리는 이 긴 재난을 넘어 민주주의의 좋은 전통과 다시 관계를 맺을 수 있을 것이다. 그 민주주의는 미국의 '건국의 아버지들'의 민주주의로, 사적 덕목들의 행사와 개인들의 개척정신을 기반으로 공적 평화를 이룩하는 합리적이고 자유로우며 현실주의적인 민주주의이다.

그런데 「인디펜던스 데이」의 공군 조종사 겸 대통령의 연설이 박살내 버린 것은 바로 이 모범적 "미국성"이다. 그는 좋은 정부와 평화, 도전, 자유의 지배 사이의 모범적인 동일시를 파괴한다. 재난 영화는 민주주의적 평화의 혜택들을 즐기고 그것이 낳는 근심거리에 맞서 싸우고자 하는 사람들에게 싼 값으로 감동을 제공하는 영화인 것만은 아니다. 재난 영화는 우리에게 국가적 픽션 자체도 그렇게 쉽게 적의 모습, 절대적 위협의 표상을 필요로 하지 않는 것은 아니라는 것을 상기시킨다. 어떤 의미에서 특수효과로 가득 찬 재난 영화의 교훈은 합리적인 정부들이 그날그날 배달하는 교훈과 다르지 않다.

오늘날 그것은 더 이상 우리 사회가 신경써야 하는 자신들의 적들에 대한 자유와 평등의 투쟁이 아니라 자신들의 생존을 위한 투쟁이다. 그 투쟁은 아주 작은 일탈에 완전히 종속돼 있다. 최소한의 봉급 인상, 최소한의 이율 감소, 시장의 예기치 못한 최소한의 반응은 실제로 우리 사회가 의지하고 있는 곡예 같은 균형을 파괴하고 지구 전체를 혼란에 빠뜨리기에 충분하다.

죽음만을 바라는 외계 괴물들의 침공은 결국 관리 정부의 합법적 권력행사의 기반이 되는 이 은밀히 퍼지는 두려움을 큰 스펙터클로 보여준 것이다. 그것은 또한 근대 정치철학을 만든 거대한 신화들 중의 하나—개개인의 권리의 포기를 요구하는 절대적 전쟁의 위협—를 보여준 것이다. 그러나 홉스[1]에 따르면 바로 개개인으로부터 다른 사람을 향한 죽음의 위협이 나온다. 그리고 지금까지 항상 다른 인민, 다른 정치체계가 예속이나 죽음의 위협을 하는 적의 모습을 했다. 「인디펜던스 데이」의 미국은 죽음 그 자체를 제외한 다른 어떤 적에 의해서도 더 이상 위협받지 않는다. 그러나 동시에 이 절대적 적의 형상화가 문제가 된다.

최근의 다른 재난 영화는 우리가 그것을 이해하도록 돕는다. 「더 록(*The Rock*)」에서 샌프란시스코를 화학적 죽음으로 위협하는 것은 외계 군대가 아니다. 그것은 「인디펜던스 데이」의 대통령처럼 걸프전의 옛 영웅인 미국의 장군이다. 그가 도시를 인질로 삼는 것은 그가 잃어버린, 그리고 미국이 인정하지 않으려 하는 병사들의 가족들을 위한 보상금을 얻기 위해서이다. 요컨대 현실의 전쟁 안에서 죽음의 현실을 인정하도록 만들기 위해서이다. 그러나 바로 이 현실은 더 이상 머물 장소에 대한 권리가 없다. 위대한 국가가 수행한 전쟁들은 개개인의 목숨을 살려주는 것을 보장하는 경찰작전들일 뿐이다. 유일한 "진짜" 전쟁은 절대적 죽음에 맞선 총체적 전쟁이다. 훌륭한 애국자로서 반역의 장군은 결국 그것을 인정한다. 그는 죽음의 경험적 존재를 증명하기 위한 살해 시도를 포기한다. 그는 죽음은 존재하지 않는다는 것을 증명하기 위해 죽음을 택한다. 끝이 좋으면 다 좋다.

그렇지만 묵시록적 영화들의 특수효과들과 정부의 일상적 담화들이 공동으로 우리에게 제시하는 것은 바로 직면한 죽음과 부정된 죽음 사이의, 절대적 두려움과 평온한 신뢰 사이의 이상한 놀이이다. 아리스토텔레스에 따르면 비극은 그것이 유발하는 두려움을 정화시켜야 하고, 동일시의 혼란을 앎의 쾌락으로 바꿔야 하며, 열정을 연극의 놀이 공간 안에 담아야 했다. 사람들은 너무 쉽게 해체되는 이 거대한 두려움들을 통해 묵시록적 희극들이 도대체 무엇을 만들어 내고자 하는지 자문할 수 있다. 사람들은 상상적 죽음에 맞서 절대적 동원을 하면서까지 우리를 죽음에서 해방시키겠다는 약속들이 만들어내는 것이 무엇인지 자문할 수 있다. 그것들은 약속이든 아니든 모든 삶에 계속 가해지는 위협의 상상적 책임자들을 찾도록 하지 않는가? 적을 형상화하도록 허용된 것은 바로 이 절대적 타자, '에일리언', 죽음이다. 선포된 민주주의적 대평화의 시대에 타자의 아주 가까운 형상—우리의 정체성과 생존을 위험에 빠뜨리는 다른 인종, 화해할 수 없는 민족, 또는 사악한 종교의 대표—에 보다 평범하게 동일시되는 것은 바로 이것이 아닌가?

주

1 Thomas Hobbes(1588–1679). 영국의 철학자, 사상가.

땅 위의 비행기

1997년 1월

다른 모든 만들어진 물건처럼 영화작품에 대해서도 두 가지의 말하는 방식이 있다. 하나는 자신의 생각에 따라 영화를 평가하고 작가가 만든 것을 그가 만들어야 했거나 만들고자 했던 것과 비교하는 것이다. 이런 식으로 보자면 「크래쉬(*Crash*)」는 발라드(J. G. Ballard)[1]의 소설을 영화로 옮긴 것으로, 가해진 파괴에 기반을 둔 쾌락의 사드적 시나리오의 중심에 자동차가 있는 포르노그래피적 공상과학 소설의 형태를 띤 일종의 반유토피아이다. 여기에 감독인 데이비드 크로넨버그가 가진 우리 시대의 커다란 신화들, 돌연변이들의 모습이나 인간과 기계의 혼합물들에 대한 고유한 관심을 덧붙인다. 그리고 사람들은 영화의 영상들을 각각의 의도가 어느 정도 적합하게 실현된 것이라고 평가한다.

그리고 또 다른 방식이 있다. 이것은 사물을 직면하기 위해, 영상들을 바라보고 연속된 영상들이 우리에게 제안하는 우화를 스스로 상상하기 위해 사람들이 모두 잊어버리고자 하는 사실에, 또는 사람들이 모르는 것에 기반을 둔 것이다. 따라서 사람들은 영화의 첫 번째 영상들이 우리에게 보여주는 것에서 출발한다. 비행기 격납고가 있다. 겉보기에 긴급한 욕망을 가진 젊은 여자가 비행기에 다가간다. 그녀는 블라우스를 풀고 브래지어에서 유방을 꺼내 기체의 금속면에 대고 황홀경에 빠져 기계와의 에로틱한 육체적 만남을 시작한다. 음향효과가 이 순간의 헐떡임에 동반된다. 그러는 동안 한 남자가 뒤에서 나타나 축제에 동참한다. 그리고 결국 젊은 여자의 기계적 향락을 인간적 정상상태로 되돌린다. 영화의 마지막에서 우리는 동일한 젊은 여자가 도로의 경사면 위에서 자신의 전복된 자동차 옆에 누워서 상처를 잊은 채 자신의 자동차를 전복시켰던 남편 혹은 특별한 동반자와 사랑을 나누는 것을 본다.

요컨대 이 영화는 비행을 포기한 여성 비행사의 이야기라고 말할 수 있다. 그녀가 격납고에 있었던 이유는 아마도 꿈의 기계와 함께 하늘을 날아가는 것을 꿈꾸며 비행자격증을 준비하기 위해서일 것이다. 단지 그 사이에 그녀의 동반자는 자신이 배운 것을 그녀에게 가르쳤다. 기계들과 사랑을 하고 자신의 욕망을 달성하기 위해 그것들을 이용하는 완전히 다른 방식이 있다는 것을 말이다. 쾌감을 위해서는 하늘을 나는 아름다운 비행기보다는 다른 자동차와 부딪치는 자동차를 더 좋아해야 한다. 그것은 피를 흐르게 하고 팔다리를 부러뜨리고 상처난 피부를 찢으며 보철기구로 몸을 감싸게 만드는 자동차이며, 또한 결국 사람들이 부수고 망가뜨리고 뒤엎고 파괴하고 불을 지르는 자동차이기도 하다.

따라서 「크래쉬」의 우화가 우리를 인도하는 지점은 인간과 기계의 결혼에 대한 거대한 오페라의 피날레이자 마지막 에피소드라고 생각할 수 있을 것이다. 그리고 악마 같은 영화의 도덕성을 보여주는 마지막 영상은 이 모험의 시작을 알렸던 문학적 영상, 마지막 다른 영상의 엄밀한 대응물로 간주될 수 있을 것이다. 운전사와 그의 기사가 서로를 죽인 후에 욕망과 질투와 살인적 광기의 긴 이야기를 끝내는 「인간야수」[2]의 마지막에서 졸라는 우리에게 완벽한 직선 길을 혼자서 계속 가는, 그리고 깔아뭉개진 희생자들에도 불구하고 인류를 미래를 향해 인도하는 아무도 안 탄 기관차를 묘사했다. 주인공인 자크 랑티에의 범죄 혹은 광기는 아마도 기계의 충성스러운 사랑보다는 여자의 살과 인간의 피가 주는 향락을 선호했다는 것일 것이다. 그리고 반대로 1920년대에 영화예술의 갈망들을 새 인간의 건설이라는 위대한 시도와 조화롭게 만든 기계들의 위대한 유토피아는 기계의 충성스러운 정확성과 조화를 이룬 인류를 위해 "인간야수"의 무능함을 철회하는 것일 것이다. "인간들의 처신할 줄 모르는 무능함은 기계들 앞에서 우리를 부끄럽게 만든다"고 지가 베르토프[3]는 말했다. 그는 "전기의 흠 없는 방식들"을 "활동적인 인간들의 무질서한 소란과 수동적인 인간들의 부패하기 쉬운 물렁함"에 대조시켰다.

모든 자동차를 쾌감을 유발하기 위해 사고를 일으키는 기계로밖에는 보지 않는 「크래쉬」의 주인공들의 집요함이 제시하는 것은 바로 무질서한 사람과 그의 "부패하기 쉬운 물렁함"의 복수이다. 그리고 몇몇 사람들이 기계와 결합된 인간의 미래주의적 모습을 축하하는 곳에서 나는 그보다는 신인간과 꿈의 기계 커플의 백년 유토피아가 제거되는 것을 본다. 마지막으로 영화는 우리에게 끝까지 버티는 유일한 기계를 보여준다. 그것은 인간의 작은 섹스 기계이다. 그 기계는 금속 기계들과 그것들의 파괴를 이용한다. 하지만 주인공 커플이 우리에게 보여주는 것처럼 그 기계는 자신의 목적들을 달성하기 위해 단지 말로 연상시키는 데 만족하며 충분히 그 기계들 없이 지낼 수 있다. 그리고 자동차의 모든 공포 장면들과 오르가즘 장면들은 커플이 자신들의 쾌락에 짜릿함을 더하기 위해 침대 안에서 말하는 이야기들일 뿐일 수도 있을 것이다.

이 미래주의적 포르노 픽션 영화는 천국의 이데올로기들의 종말이라는 거대한 주제와 인류가 유토피아들에서 벗어날 때 갖게 되는 단순하고 확고한 만족들로의 회귀에 대한 역설적인 흥미로운 진술을 우리에게 제시할지 모른다. 그것은 나름대로 "인간주의적" 영화이다. 그리고 1세기 전으로 돌아간다면 우리는 거기에서 다른 장면의 뒤집기를 볼 수도 있을 것이다. 그것은 사드[4]가 프랑스 대혁명 시대에 보여주었던 것으로 자유의 절대와 타자의 고통받는 몸에서 얻어진 쾌감의 절대 사이의 결합 장면이다. 「사드와 함께 한 칸트」라는 글에서 라캉은 나의 쾌감에 대한 타자의 복종이라는 사드식 명령의 절대성이 어떻게 칸트의 도덕적 명령과 법의 무조건성의 숨겨진 진리였는지를 보여주려 노력했었다. 마치 그 영화가 증명을 뒤집는 것처럼 모든 것이 진행된다. 두 여자 주인공들이 주차장 자동차 안에서 사랑을 나누는 것을 보자. 모든 것이 마치 그녀들이 자신들의 의무를 완수하기 위해 그곳에 오는 것처럼 진행된다. 그것은 우선은 시나리오가 정한 의무이다. 다른 이성애적이거나 동성애적 조합들은 소모가 됐고 이제는 그녀들의 차례였다. 그녀들이 하는 행위에 대해 영화감독은 표면적인 열광도 명백한 관심도 없이 그녀들의 장난을 단축시킨다. 이 허구의 의무가 결국은 도덕적 의무이기 때문이다. 그것은 기계의 도움으로 얻어진 쾌감에 포함될 수 있는 모든 이성애나 동성애 커플의 동등한 권리의 확언이다. 사드식의 치환놀이는 일반화된 쾌감의 계약이 됐다. 사드에게 있어서 그 놀이가 기반해 있는 폭력은 바로 인간과 기계의 관계들 안에서 발견됐다. 파트너들 사이에 일종의 미리 만들어진 조화가 지배하고 있는 것처럼 보인다. 한 사람이 다른 사람에게서 얻고자 하는 쾌감은 다른 사람이 그에게서 얻고자 하는 쾌감에 매번 정확히 들어맞는다.

자기 영화에 적용된 포르노라는 명찰을 거부하면서 크로넨버그는 영화의 섹스 장면들을 그가 본질적으로 강간 장면이라고 보는 영화의 일반적인 사랑과 유혹 이야기들에 대립시킨다. 우리는 사랑 이야기는 사실 아무리 적다 하더라도 두 욕망들의 불평등에 기반하고 있다는 점에서 사드의 잔혹성과 공통점을 갖는다고 대답할 수 있을 것이다. 반대로 포르노 장면을 특징짓는 것은 한 사람이 다른 사람에게 하는 것이 아주 정확히 다른 사람이 그에게 하기를 바라는 것이라는 전제이다. 그렇게 포르노그래피는 자신의 방식대로 사회계약의 자유적 버전을 보여준다. 그래서 포르노그래피는 합의적 신자유주의의 발전 리듬에 맞춰 자신의 시각적 제국을 발전시킨다. 그것이 바로 마지막 시퀀스가 우리에게 보여주고 들려주는 것이다. 거기에서 주인공은 자신이 난간 너머로 자동차를 전복시킨 후 그 밑 길가에 뻗어 있는 자신의 동반자에게 "괜찮아?"라고 물어본다. 이에 대해 그녀는 "괜찮아"라고 답한다. 그 대답은 자신의 신체적 상태에 대한 정보가 아니라 다음과 같은 초대로 이해해야 한다. "너는 할 수 있어. 나도 역시 네가 원하는 것을 원해." 그렇게 모든 폭력은 계약으로 귀결된다. 기계의 모든 힘이 인간의 욕망으로 귀결되는 것처럼 말이다. 그렇게 『멋진 신세계』[5]의 반유토피아는 마침내 "유토피아들의 종말"에 대한 지배적 생각에 충분히 부합하는 비유를 제시한다.

주

1 James Graham Ballard(1930–2009). 영국의 소설가.
2 에밀 졸라의 1890년 소설.
3 Dziga Vertov(1896–1954). 러시아의 영화감독. 다큐멘터리 영화를 개척한 감독.
4 Marquis de Sade(1740–1814). 프랑스의 귀족, 작가.
5 *Brave new world.* 헉슬리의 1932년 소설. 과학이 모든 것을 지배하게 된 세계를 그린 반유토피아적 풍자소설.

변증법 안의 변증법

1997년 8월

오늘날 아도르노와 호르크하이머[1]의 『계몽의 변증법』에 어떻게 접근할 것인가? 그 책의 광채는 두 번 퇴색한 것처럼 보인다. 첫 번째는 맑스주의라고 불렸던 과거에 완전히 멀어져 버린 성운의 별이 가진 광채처럼 희미해졌고, 두 번째는 반대로 우리가 사는 일반화된 체제 하의 이 이중 담론—자유적 정부의 명령에 명분을 제공하는 이성의 전체주의에 대한 비판, 그리고 막연히 지식인들의 반체제적 생각들을 먹여 살리는 문화산업에 대한 비판—의 원형처럼 복제품에 의해 마모됐다.

한편에서는 실제로 이 책이 해방 사상으로서의 맑스주의를 계몽의 이성으로부터—자신이 하늘에서 쫓아낸 종교를 땅으로 옮겨오는 종교 비판으로부터, 세상에 대한 기술적 지배의 과학으로 환원되는 과학 안의 믿음으로부터, 지배의 역사의 필연성들에 해방의 잠재력들을 복종시키는 역사의 진보주의적 시각으로부터—축출하려는 수많은 시도들의 역사에 속하는 것처럼 보인다. 맑스주의는 어떤 의미에서 이 축출의 끊임없이 저지된 움직임일 뿐이다. 맑스주의는 인간의 권리들과 자본주의의 논리 사이의 관계들에 대한 맑스[2]의 비판과 함께 시작하고 레닌과[3] 벤야민, 그람시,[4] 아도르노가 잘 보여준 진화론적 철학에 맞선 반복되는 논쟁을 통해 계속되며, 1960년대에는 경제주의와 법률적 인간주의라는 이중 유산에 맞선 알튀세르[5]의 논쟁과 함께 또 다시 나타난다.

그리고 아마도 이 끝없는 축출은 역사철학들 사이의 분쟁—이 안에서 맑스주의 이론과 정치학이 발전했다—의 흔적을 담고 있을 것이다. 계몽의 해방자적 신뢰는 아마도 콩도르세[6]와 몇몇 사람들의 글들 속에서만 존재했을 것이다. 그리고 과학적 이론과 해방의 실천 사이의 맑스주의의 동일시를 부정하려는 움직임이 일찌감치 나타났다. 한편에서는 쇼펜하우어[7]의 비관주의나 데카당스의 이론들이 진보주의적 확언을 뒤집어엎었다. 그리고 세계 지배와 인간 해방에 대한 합리주의의 주장이 가진 죄악 또는 원초적 환상을 비난했다. 다른 한편에서는 스펜서,[8] 르낭[9] 등의 과학주의가 진화론적 철학을 적자생존의 주제에, 그리고 예속될 수밖에 없는 대중들에 대한 학자들의 통치라는 주제에 연결시켰다. 문명에 대한 니체[10]의 비판은 정확히 이 두 가지 전통의 교차지점에 위치하며, 그것을 통해 이데올로기들에 대한 맑스주의의 비판과 복잡한 관계를 유지한다. 즉 니체의 비판은 그것의 원칙들을 파괴하는 대가로만 그것의 효과들을 촉진시킨다. 그리고 우리는 『계몽의 변증법』의 논증 안에서 그 결과를 본다. 『계몽의 변증법』이 맑스주의의 이성을 비판하기 위해 제안하는 것은 니체에 따르면 그리스적 이성의 원죄에 대한 새로운 버전이다. 비극의 지혜를 거부하는 소크라테스의 잘못은 세이렌들의 노래에 저항하는 율리시스의 잘못이 됐다. 그러나 죄악은 동일하다. 그것은 디오니소스의 몫을 잊고자 하는 지식에 대한 아폴론의 오만 안에 있다. 그 어둠의 몫은 그것을 신화의 세계에, 그리고 삶의 어두운 힘들에 연결시킨다.

아마도 아도르노와 호르크하이머는 이 원초적 잘못에 대한 고발을 사회적 지배에 대한 비판에 연결시킬 것이다. 그들의 율리시스는 세이렌들의 디오니소스적 노래에만 조심하는 것이 아니다. 선원들의 귀를 막으면서, 선원들로 하여금 자신의 "쾌감에 대한 포기"를 위해 봉사하도록 만들면서 그는 공동의 합리적 도전의 성공을 지배에 대한 자본주의의 법칙과 동일시한다. 그는 이렇게 니체의 "평민적" 소크라테스에 완전히 상반된다. 그러나 이 격차는 공통의 전제를 기반으로 만들어진다. 원죄의 달성이라고 이해되는 서구 이성의 큰 역사적 운명이라는 전제 말이다. 그 안에서 자본주의의 이성이나 문화산업에 대한 그들의 비판은 니체의 원초적 장면의 다른 큰 변형—아도르노가 조롱하는 철학자에 의해 생산된—에 생각보다는 훨씬 더 가까워 보인다. 그들의 비판은 서구 형이상학에 대해, 그리고 그 형이상학이 세계의 기술적 지배 속에서 완수된 것에 대해 하이데거[11]가 비판한 것에 대한 좌파의 응답처럼 나타난다. 요컨대 이성의 변증법에 대한 변증법이 있다. 이 변증법은 맑스주의적 비판의 끝없는 임무를 완수하고자 한다. 즉 혁명적 해방의 약속들을 계몽의 이성의 위협들에 연결시키는 탯줄을 마침내 자르고자 한다. 지배의 타락하고 도구적이고 미디어적인 이성의 반대편에 이 변증법은 진정한 이성을, 해방의 힘이 되는 체험세계와 이성 사이의 내밀성의 관계를 내세우려 한다. 그러나 이 단절은 그것을 계몽에 대한 다른 비판을 향해 내던진다. 그 비판은 서구 이성의 역사를, 그리고 해방에 대한 그것의 약속을 최초 환상의 돌이킬 수 없는 전개로 본다.

이 "변증법 안의 변증법"은 맑스주의적 비판의 우수에 찬 버전을 수립한다. 그러나 그것은 또한 맑스주의적 비판에 모호한 운명을 제공한다. 문화산업에 대한 비판의 뒤를 "스펙터클"에 대한 상황주의의 비판이 잇는다. 이것은 세계의 상업적 획일화에 대한 또 다른 거대한 담론이다. 그 둘은 "속임수 타파자들"의 담론 속에서 일반화된다. 그 담론은 문화산업이나 "스펙터클의 사회"가 매번 나타날 때마다 항상 동반되기 때문에 그것들의 필연적인 닮은꼴이 된다. 그것은 이 산업의 "멍청한 짓"이 영속되기 위해 필요로 하는 "교활한 자들"의 담론이다. 이 변증법은 우리가 포스트 맑스주의라고 부를 수 있는 것의 이상한 운명 안으로 들어간다. 소비에트 체계의 붕괴와 함께 죽음을 선고받은 맑스주의는 동시에 모든 종류의 사후 사용들로부터 자유롭게 됐다. 한편에서 공식적 맑스주의는 신자유적 정책들에 봉사하기 위해 호출돼 경제적 필연성의 이론과 역사적 변환들의 피할 수 없는 방향의 이론을 빌려준다. 다른 한편에서 비판적 맑스주의는 문화상품에 대한 비판들에 자신의 환멸적인 시각을 빌려준다. 문화상품에 대한 비판들은 예술이 국가적 계산들과 문화 상인들에 결탁한 것에 맞서 예술의 진정성을 대립시키는 반응적 담론들을 유지하면서 문화상품의 발전과 함께 한다.

그리고 분명히 '이성의 변증법'은 이미 자신의 비판에 대한 그러한 사용을 고발한다. 이성의 변증법은 사람들이 문화산업에 맞서 높게 평가하려고 하는 예술이나 진정한 문화가 근원적으로 문화산업과 동일하다는 것을 보여준다. 고상한 예술과 문화산업 사이의 분할은 율리시스의 행동이 상징하는 최초의 분할로부터 나온다. 세이렌들의 노래가 약속하는 쾌감을 포기하면서 그는 혼자서 약속과 위험의 노래를 듣는 특권을 갖는다. 자신의 선원들에게는 그것을 듣는 쾌감을 금지시키면서 말이다. 문명화된 야만은 이 최초의 배제에 매달려 있다. 그리고 우리는 여기에서 아도르노와 호르크하이머를 상업과 문화정책 안의 예술의 폐허에 대해 주기적으로 연민을 느끼는 울보들의 어리석음으로부터 분리하는 깊은 동기를 발견한다. 이 깊은 동기는 페티시즘에 대한 맑스주의의 비판이나 "부르주아" 계몽에 대한 고발보다 더 멀리 거슬러 올라간다. 횔덜린[12]의 시를 중계로 해서 그것은 아마도 해방의 근대적 사상의 진정한 기원이 되는 서적이라 할 수 있을 쉴러[13]의 『인간의 미적 교육에 대한 편지들』에까지 올라간다. 위대한 자들의 문명의 야만과 대중적 미개 사이에 수립된 사회적 분할의 반대편에 쉴러는 아름다움이 구성한 감각적 화해의 기회, 공통 인류의 기회를 내세웠다. 『계몽의 변증법』의 저항력은, 그것의 고발을 동시대의 모든 일반화들로부터 분리하는 이 힘은 이 근본적 미적 약속에 대해, 공통의 감각적 인류의 이 지평에 대해 양보하는 것을 거부함으로부터 기인한다. 쉴러의 낭만적 독자들은 예술의 아름다운 총체성을 자유로운 공동체의 전조라고 봤다. 반대로 아도르노와 호르크하이머에게 있어서 예술이 약속을 영속시키는 것은 약속을 어기면서만, 그리고 현실을 미적인 아름다운 겉모습으로 바꾸는 모든 변형의 미해결된 모순과 지속된 상처를 약속 안에 기입하면서만 가능하다. 문화적 평범함에 대한 고발에 분노의 힘을 제공하는 것은 바로 이 급진성이다. 문제는 이 평범함이 예술을 "대중들"의 수준으로 실추시키는 것이 아니라는 것이다. 문제는 이 평범함이 "높은" 욕구들을 포함한 모든 욕구들을 만족시키는 기계, 예술에게서 기만의 힘을, 따라서 해방의 잠재성을 제거하는 기계라는 것이다.

이 작은 차이는 본질적이다. 우리는 동시에 그 차이를 취약하게 만드는 것을 본다. 아도르노와 호르크하이머의 맑스주의가 너무 유토피아의 색채를 가져서가 아니다. 사실 "현실주의적" 맑스주의들 안에 없는 것이 아도르노와 호르크하이머의 맑스주의에도 없다. 그것은 바로 해방에 대한 '정치적' 생각이다.

주

1 Theodor W. Adorno(1903–1969). 독일 출신 철학자, 사회학자. Max Horkheimer(1895–1973). 독일 출신 철학자, 사회학자.

2 Karl Heinrich Marx(1818–1883). 독일의 철학자, 정치경제학자.

3 Vladimir Ilyich Lenin(1870–1924). 1917년 10월 혁명을 이끈 러시아의 혁명가.

4 Antonio Gramsci(1891–1937). 이탈리아의 철학자, 정치가.

5 Louis Pierre Althusser(1918–1990). 프랑스의 철학자.

6 Marquis de Condorcet(1743–1794). 프랑스의 수학자, 철학자.

7 Arthur Schopenhauer(1788–1860). 독일의 철학자.

8 Herbert Spencer(1820–1903). 영국의 철학자.

9 Ernest Renan(1823–1892). 프랑스의 철학자.

10 Friedrich Wilhelm Nietzsche(1844–1900). 독일의 철학자.

11 Martin Heidegger(1889–1976). 독일의 철학자.

12 Johann Christian Friedrich Hölderlin(1770–1843). 독일의 낭만주의 시인.

13 Johann Christoph Friedrich von Schiller(1759–1805). 독일의 시인, 철학자.

마지막 사회학자들의 땅으로의 여행

1997년 11월

『슬픈 열대』의 첫 번째 장에는 "여행의 끝"이라는 제목이 붙어 있다. 그런데 왜 여행은 도대체 끝이 나야 하는가? 그리고 왜 브라질이 이 끝을 정당화하기 위해 선택된 지역인가? 이 두 질문은 다른 질문 하나를 전제한다. 여행이 단지 몸의 이동이 아니라 정신의 모험을 의미한다면 여행한다는 것은 무엇인가?

그것을 이해하기 위해 우리는 레비-스트로스[1]의 것보다 더 오래되고 훨씬 더 거친 브라질 여행기에 주목해 보자. 1844년 파리에서 출판된 『사부아 아이의 회고록』에서 굴뚝청소부였다 인쇄 노동자가 된 클로드 쥬누(Claude Genoux)는 우리에게 자신의 방랑시절에 대해, 특히 1832년의 브라질 여행에 대해 이야기한다. 그는 우연히 그곳에 가게 됐다고 말한다. 마르세이유 항에 굴러다니던 편지 한 통을 통해 그는 브라질의 이발사들이 거머리들을 필요로 한다는 것을 알게 됐다. 그래서 그는 거머리를 잔뜩 사서 대서양 저편으로 가져갔다. 거머리들은 다 팔렸지만 여러 사정들로 인해 그는 그곳에 머무르게 됐다. 그는 아주 특이한 사건들을 우리에게 들려준다. 이 사건들의 주요 등장인물들은 다음과 같다. 그의 길동무를 먹어버린 악어, 그를 잡아먹으려 한 보아 뱀, 아프리카 부족의 옛 추장으로 '파젠데이루'[2]의 불의에 항거해 자기 주인 가족 모두를 살해하고 교수형을 당한 파파가일이란 이름의 흑인 노예. 이 마지막 이야기는 자유로운 여론과 언론이 노예제와 체형의 야만성과 공존하는 나라의 모순에 대해 쥬누가 깊이 성찰하게 된 기회가 됐다.

쥬누의 이야기는 우리에게 여행기의 전형적인 모습을 보여준다. 우리가 거기에서 우선 발견하는 것은 다른 나라가 자신의 타자성과 아주 유사하다는 것, 그곳에 가지 않았고 결코 가지 않을 사람들이 그곳을 알아볼 수 있게 만드는 동물들과 인간들과 식물들의 집단을 잘 보여준다는 것이다. 쥬누가 우리에게 말하는 열대의 모험들은 그가 유럽을 전혀 떠난 적이 없어도 만들어낼 수 있었을 것들이다. 그리고 우리는 아마도 실제로 그가 유럽을 떠난 적이 없을 것이라고 생각하기 시작한다. 악어, 보아 뱀, 앵무새들이 역할 협력을 하는 이 동등성의 원리는 그 자체로 간단하다. 세계지도는 여행자에게 인류의 발전단계들만을 보여준다. 브라질 지역은 시간의 지도이다. 유럽인이 중재하는 아프리카와 아메리카의 만남은 인류의 과거와 장래의 만남이다. 열대밀림으로 칠해진 그림 앞에서 사부아 젊은이와 노예가 된 옛 왕은 보편적 정신의 언어로 소통한다. 그리고 이 언어는 학교 교재들과 독학자들의 산문 안에서만 존재하는 이 이상한 문학적 언어로 문제 없이 축소된다. "백인아, 너는 자신을 낮춘 첫 번째 백인, 아니 그보다는 불쌍한 검둥이를 돕는 비천한 일을 할 정도로 충분히 성숙하다는 것을 보여준 첫 번째 백인이다.—내가 너에게 하늘이 네게 준 피부색의 범죄를 저지를 수 있느냐?—내 생각에 흑인 앞에서 백인이 그런 말을 한 적은 한 번도 없다 … ."

결코 아무도 말하지 않은 이 문학적 언어는 보편적 정신의 언어에 자신을 동일시하면서 여행자가 자신의 경험에서 얻는 회의적 태도를 없앤다. 그 언어는 미래의 선을 긋는다. 그 선의 끝에서 신세계는 문명을 향한 행진을 완수한 인류의 영토에 동일시될 것이고, 그것의 '진보'를 요약하는 '질서'에 의해 지배될 것이다. 질서 잡힌 과거의 법칙에 의해 지배되는 공동체의 이 기대는 쥬누의 시대에 오귀스트 콩트[3]가 만들어내고 뒤르켐[4]이 레비-스트로스의 스승들에게 가르친 젊은 과학의 대상이다. 이 과학은 과학 이상이며, 자신의 과학을 믿음들과 공통의 의례들로 변형시키는 한 사회에 대한 관념이다. 그것은 사회학이라 불린다. 브라질로의 여행은 사회학의 나라로의 여행이다.

바로 이 여행의 끝을 『슬픈 열대』의 브라질 일주가 보여준다. 파리에서 상파울로로, 상파울로에서 론도니아로 가는 시간의 회귀는 사회학의 의미가 역전되는 것이 보이는 길이다. 바로 그것이 열대의 "슬픔"이다. 산토스에 상륙하면서 레비-스트로스는 분명히 프랑스 대통령이 한 다음과 같은 유명한 말을 알고 있었다. "브라질은 항상 미래의 땅일 것이다." 그리고 그도 또한 파리를 떠나지 않고 1860년의 프랑스 해수욕장들의 풍경과 유사한 리오의 열대 거리들과 주택들을, 상파울로의 평원에서 풀을 뜯는 소떼들을, 즉각 낡아지는 새 건물들을, 경마장과 자동차 클럽의 퇴폐적 귀족들을 묘사할 수 있었을 것이다. 바로 이 열대의 풍경이 쥬누의 악어들과 보아 뱀들의 자리를 대신했다. 문명의 미래는 이미 그것의 과거의 모방일 뿐이다. 그러나 보다 심각한 결과가 그로부터 추론된다. 즉 브라질의 미래가 과거에 있다면 사회학의 미래도 마찬가지이다.

그것은 이미 상파울로 대학의 젊은 프랑스 교수들을 둘러싼 상류사회가 행하는 "사회학적 미뉴에트"가 보여주는 것이다. 그리고 그 안에서 하나의 독특한 표본—공산주의자와 가톨릭교인, 순종 개 애호가와 근대 회화 애호가, 지역의 전문가와 초현실주의 시인—이 각 사회학적 종을 대표한다. 이 미니어처로 된 사회적 세계는 잘 분화된 기능들에 의해 구성되는 조직적 사회의 사회학적 원칙에 대한 캐리커처가 아니라면 무엇이겠는가? 큰 사회학적 신앙 안에서 진보의 이론은 자신의 새로운 활력을 찾았었다. 새로운 합리적인 공화국들에게 생명을 불어넣어야 했던 큰 사회학적 신앙에 대해 브라질의 사례는 그것이 아마도 사회놀이일 뿐이지 않을까 하는 의심을 하게 한다.

그렇지만 사회학은 환상이 아니다. 그러나 사회학을 만나기 위해서는 이 원주민들의 실제 영토로 이동해야 할 것이다. 그 원주민들은 레비-스트로스의 스승에 따르면 상파울로의 교외에 모여 살았고, 상파울로 사람들에 따르면 오래 전에 브라질 땅에서 사라졌다. 리우 파라과이 연안이나 론도니아 근처에서 민속학자는 마침내 실행되고 있는 사회학을 발견한다. 카두베오 족의 얼굴에 그리는 그림이나 보로로 마을의 지형도는 동일한 지적 프로그램을 실현한다. 그 프로그램은 자연에 자신의 규범들을 강제하는 문화적 질서를 발명하는 것이다. 왜냐하면 이 "미개인들"은 "뒤르켐과 콩트보다도 더 사회학자들"이기 때문이다. 그들은 섹스의 쾌락에 번식의 저속함을 연결시키는 것에 혐오감을 느끼는 것만큼이나 얼굴의 "자연적" 선들에 장식의 기하학적 규칙성을 강제하는 그림에 대해서 호감을 느낀다.

그런데 이 지적인 문제의 해결은 정치적 문제의 해결이기도 하다. 보로로 마을의 복잡한 지도와 카두베오 족의 얼굴 그림 안의 선들의 배열은 그들의 사회구조의 두 가지 모순된 요소들—대칭으로 번역된 평등과 위계화된 세 계급들의 비대칭적 배열—을 동일한 구조 안에 통합한다. 그러나 바로 정확히 이 목적을 위해 사회학이 19세기 유럽에서 태어났다. 즉 사회집단의 삶에 필요한 위계질서와 민주주의 시대의 인간에 의해 요구된 평등을 하나의 동일한 구조 안에 녹여내기 위해서, 그리고 그 구조를 믿음과 의례의 원칙으로 만들기 위해서 말이다. 그 원칙에 의해 한 사회의 구성원들이 반은 의식적이고 반은 무의식적인 방식으로 그들의 사회적 응집의 원칙을 표명한다. 보로로의 장례 의례는 이국적이기는커녕 실증주의 공화국의 이상형을 실현한다. 그 의례는 프랑스 제3공화국의 기념식들에 영감을 주었었다.

따라서 브라질은 사회학의 땅이다. 브라질은 내륙 가장 깊숙한 곳까지 밀려난 마지막 절멸단계에 있는 사람들 안에서 사회학의 땅일 뿐이다. "미개인들"의 세계관과 민속학자의 공모는 따라서 특성이나 방법의 문제 이상이다. 그 공모는 사회학의 마지막 진정한 봉사자들의 연대이다. 남비콰라 족의 느린 죽음은 "문명화하는" 정복의 마지막 에피소드만이 아니다. 그들과 함께 마지막 미개인들만큼이나 마지막 진짜 사회학자들도 죽는다. 그리고 단지 권력의 수단으로서만 만들어진 글자의 시뮬라크르를 독점하는 남비콰라 족의 족장은 이 마지막 진짜 사회학자의 죽음을 예상한다. 그는 그것을 상파울로 엘리트의 "사회학적 미뉴에트"와 유사한 시뮬라크르로 만든다.

바로 이것이 브라질 여행의, 다시 말해 사회학 대륙의 민속학자가 행한 거슬러 올라가기의 마지막 교훈이다. 그렇지만 남비콰라

족은 『슬픈 열대』의 저자가 방문한 마지막 사람들이 아니다. 과학적 방법을 위반했기 때문에 그는 투피-카와히브 족 마을에서 자유로운 민속학 체류를 할 기회를 얻었다. 거기에서 그는 우리에게 진정으로 로빈슨 놀이를 할 수 있었고 통역자가 없었기 때문에 미개인들과 무언의 순수한 관계를 맺을 수 있었다고 말한다. 루소의 좋은 야생으로의 민속과학의 귀환인가? 아니면 진지한 사회과학이 좋은 야생의 몽상보다는 덜 유토피아적이었다는 것의 발견인가?

주

1 Claude Lévi-Strauss(1908-2009). 프랑스의 인류학자. 『슬픈 열대』는 그의 저서.

2 fazendeiro. 브라질의 농장주를 일컫는 말.

3 Auguste Comte(1798-1857). 프랑스의 철학자. 사회학의 창시자.

4 David Émile Durkheim(1858-1917). 프랑스의 사회학자.

과거에 대한 판결

1998년 4월

6개월 동안 프랑스 정부는 독특한 사건에 몰두해 있었다. 페탱 원수[1]의 비시 정권 하의 공무원이었던 모리스 파퐁(Maurice Papon)이 1942년에서 1944년 사이에 유태인 남자들과 여자들, 아이들을 체포해 죽음의 수용소로 보내는 일에 가담했다는 죄목으로 재판을 받은 사건이었다. 이 재판은 두 진영의 단순한 충돌로 축소될 수 있었다. 한편에서는 희생자들의 가족들이 자신들의 친지들에게 가해진 범죄에 대한 배상을 요구했고, 다른 한편에서는 나치에 협력하는 국가의 공무원 자리를 어떤 감정이나 열의 없이 수행했던 한 공무원이 서 있었다. 그는 자신의 업무의 일환이었던 체포와 강제수용 명령을 내렸었고, 개인적으로는 유태인 사냥을 조직하는데 신경 쓰지도 않았었고 강제 수용자들이 어떻게 됐는지 알고자 하지도 않았었다. 이 부정할 수 없는 명백히 드러난 책임에 대해 10년의 징역형이 선고됐다.

그렇지만 여기에서 사건의 단순함이 흔들리기 시작한다. 사건 발생 55년 후에 87세의 남자에게 10년의 징역형을 선고하는 것과 죽음의 수용소에서 집단적으로 살해된 사람들의 희생 사이에는 어떤 공통 단위의 관계가 있는가? 그리고 왜 개인의 잘못을 집단범죄에 상응하게 비례를 맞추는 어떤 판결에도 이를 수 없는 재판이 그렇게 큰 중요성을 갖게 됐는가?

이 비례의 부재는 우선 오늘날 사법부가 가진 독특한 기능을 보여준다. 옳고 그름, 정의와 불의의 모든 정치적 사건은 실재나 상상의 법정에서 진행되는 재판의 형태를 띤다. 프랑스인들은 매일같이 파퐁 재판의 진행상황에 대한 정보를 듣는 동시에 '8,500만 명의 죽음'이라는 빨간 광고 제목으로 뒤덮인 『공산주의 흑서(*Livre noir du communisme*)』를 모든 서점의 진열대에서 지켜볼 수 있었다. 어떤 사람들은 숫자에 대해 이의를 제기했다. 어떻게 중국의 기근으로 인한 희생자 수를 정확히 알 수 있는가? 그리고 그들을 총살자들이나 수용소의 사망자들과 똑같은 명목으로 공산주의의 희생자들로 분류해 수를 헤아릴 수 있는가? 그러나 그것은 문제의 본질이 아니다. 숫자의 기능은 통계적이라기보다는 법률적이다. 볼린[2]에서부터 솔제니친[3]까지 공산주의 체제의 범죄들을 폭로하는 데 사람이 부족하지는 않았다. 그러나 그들은 그 폭로를 정치적 방식으로 실행했다. 그들은 공산주의의 희생자로서 증언했다. 무정부주의나 "진정한" 공산주의에서부터 옛 군주적이고 종교적 질서의 재건까지 다른 정치적 사상의 이름으로 공산주의를 고발하면서 말이다. 오늘날 문제는 다른 것이다. 죽은 자들의 수를 세는 것은 더 이상 체제가 아닌 이데올로기에 대해, 다시 말해 사람들이 이데올로기들을 믿었던 시대에 대해 결단을 하고 판결을 내리는 역사의 법정과 동일시된다. 역사의 법정은 요컨대 다른 시대—볼린의 시대, 솔제니친의 시대뿐 아니라 레닌의 시대, 스탈린의 시대, 즉 정치의 시대—에 대한 현재의 복수를 끝낸다.

동일한 방식으로 파퐁 재판은 프랑스 비시 정부와 나치의 민족말살 시도에 그 국가가 참여한 것에 대한 프랑스인들의 복수라고 할 수 있다. 한 개인의 재판은 따라서 과거에 대한 재판이 된다. 그것은 집단적 유죄를 확언하고 동시에 그것을 과거 안에 내던지며, 결국은 그 과거와 우리 사이의 선을 긋는 것을 허용하는 진실을 발언하는 임무를 가진 역사의 법정에 동일시된다. 프랑스 국가의 한 공무원에게 가해진 10년 징역형은 단번에 그 국가도 그만큼 유죄라는 것을 확언한다. 그 10년 형은 동시에 우리에게 있어서는 그것을 순수한 판단 대상으로 만드는 거리를 표시한다. 그러나 이 등치관계는 바로 기만적인 것이다. 한 공무원의 재판을 그의 국가에 대한 재판으로 변형시키는 것은 모순적인 일을 하는 것이다. 전반적으로 유죄인 그 국가의 공무원으로서 그가 했던 일에 대해, 동시에 개인으로서 그가 하지 않은 것—그가 공무원으로 일하는 국가에 복종하지 않은 것—에 대해 그를 비난하는 일이기 때문이다.

원래 공무원은 국가에 봉사하는 사람이다. 모리스 파퐁은 나치협력 국가에 봉사했다. 그 후에 그는 드골 장군[4]의 공화국에 봉사했다. 국가는 공백을 혐오한다. 그리고 드골 공화국은 국가의 봉사자들을 그들이 발견될 수 있는 곳에서 데려왔다. 활동적인 과도한 열의 없이 국가 일반에 봉사하기만 했던 "프랑스 국가"의 봉사자들 중에서 말이다. 모리스 파퐁은 그렇게 프랑스 공화국의 모범적 봉사자가 됐다. 그는 특히 1961년 알제리 시위를 억압하는 일을 지휘했다. 그 시위 도중 2백 명에 가까운 시위자들이 죽도록 얻어맞고 센느 강에 던져졌다.

그 국가 범죄는 이 재판에서 다루어지지 않았다. 그 범죄가 언급된 것은 의미 있는 삼단논법의 틀 안에서였다. 그가 우리 공화국가의 이 범죄—아무도 기소하려 하지 않는—를 저질렀기 때문에 나치 협력 국가의 다른 범죄도 저지를 수 있다는 삼단논법 말이다. 그가 항상 우리 국가의 좋은 봉사자였다는 사실은 그가 국가에 봉사하지 않을 수 없었다는 것을, 따라서 1942년 그가 봉사했던 국가의 범죄에 그가 연루됐다는 것을 증명한다.

그러면 파퐁에 대한 재판이 국가 일반에 대한 재판이며 국가에 불복종할 수 없었던 사람들에 대한 재판이라고 믿어야 할 것인가? 그리고 역사의 법정은 국익에 10년의 징역형을 가하면서 "불복종의 권리"—이 권리의 정당성은 정치철학자들의 십자가이다—의 손을 들어주었을 것인가? 선고 당일 파리의 한 공항에서 일어난 다음과 같은 사건을 보면 이 문제는 아주 이상해 보일 것이다. 파리-바마코 간 비행기 승객들 중 일부가 프랑스 내무부가 강제귀국 조치한 불법체류 노동자들과 함께 비행기를 타는 것을 거부했다. 내무부는 즉시 말을 듣지 않는 승객들을 "항공기 운항 방해" 혐의로 기소하겠다는 의사를 밝혔다.

따라서 법정이 판결을 통해 불복종의 권리를 인정하려 했을 확률은 거의 없다. 국가에 지나치게 충실한 봉사자에 대한 판결은 그보다는 과거—비시 정부의 억압적 상황에서 뿐만 아니라 복종과 불복종이 어떤 의미를 갖고 있던 시대—에 불복종해야 할 의무를 가리킨다. 그 판결은 우리에게 이렇게 말한다. 그 시대에는 복종이나 불복종이 개인들의 선택이었다. 판결은 우리를 요컨대 실존주의 시대의 분위기 안으로 돌려놓는다. 그 시대에는 사르트르[5]가 엄청난 소동과 조소를 불러일으킨 다음과 같은 말을 할 수 있었다. "우리가 독일 점령기보다 더 자유로웠던 적은 없었다." 그 시대는 참여와 책임의 시대였다. 각자가 "모두를 위해" 선택을 하고 "모두 앞에서 모든 것의 책임"을 졌던 시대였다. 법정의 (과거에 대한) 판결과 내무부의 (현재에 대한) 위협 사이의 결합은 그 시대를 과거 속의 자리로 되돌려 보낸다. 오늘날 국가에 대한 복종과 불복종은 더 이상 문제가 아니다. 국가가 정당한 것이기 때문만은 아니다. 그보다는 국가가 더 이상 아무것도 원하지 않는 것처럼 행동하고 비개인적 필요의 보잘것없는 실행자일 뿐인 것처럼 행동하기 때문이다. 아무것도 명령하지 않고 유통의 흐름에만 복종하도록 하는 국가에게 불복종하는 것이 무슨 의미가 있을 것인가? 플라톤의 시대에 소피스트 안티폰[6]은 법을 어기는 자는 그가 보일 때만 벌을 받을 것이지만 자연을 거스르는 자는 모든 방식의 벌을 받을 것이다라는 간단한 원칙에 따라 자연의 정의를 법의 정의에 대립시켰다. 바로 그 논리를 우리 국가가 자기 방식으로 다시 취한 것이다. 국가는 우리에게 국가의 규칙은 부와 인구의 균형잡힌 흐름의 자연적 법에 대한 복종일 뿐이라고 말한다. 그날 바마코에 가지 않으려 했던 여행자들은 프랑스 국가에 대해 "항공기 운항 방해" 이상도 이하도 아닌 반항을 한 죄를 지었다.

그렇게 과거와의 매듭짓기가 진행된다. 불복종의 시대가 있었다. 개인들이 다른 개인들이나 국가의 의지에 반대하던 시대였고, 정치와 이데올로기들의 시대였다. 사법부는 그 시대에 인사를 하고 우리에게 그 시대가 지나갔음을 알게 한다. 어떤 의미에서 파퐁 재판의 판결은 실존주의에 대한 작별의 오마주이다.

주

1 Henri Philippe Benoni Omer Joseph Pétain(1856–1951). 프랑스의 군인, 정치인. 제2차 세계대전 독일 점령 하에 있던 프랑스 비시 정부의 수반(1940–1944).

2 Vsevolod Mikhailovich Eikhenbaum(1882–1945). 러시아의 무정부주의자. 볼린(Volin)이라는 이름으로 알려져 있다.

3 Aleksandr Isayevich Solzhenitsyn(1918–2008). 러시아의 소설가.

4 Charles André Joseph Marie de Gaulle(1890–1970). 프랑스의 군인, 정치인. 1959–1969 프랑스 대통령.

5 Jean Paul Charles Aymard Sartre(1905–1080). 프랑스의 철학자, 작가.

6 Antiphon. 기원전 5세기 말의 아테네의 소피스트.

예술의 위기인가 생각의 위기인가?

1998년 7월

생각하는 프랑스가 관심을 가져야 하는 논쟁들 중에 예술의 위기는 상당한 자리를 차지하고 있다. 사회의 큰 문제들에 대한 논의를 "불러일으키는" 임무를 가진 지적인 잡지들은 이 위기에 대해 규칙적으로 다루는 것을 잊지 않는다. 기독교-사회-해석학적 자유주의의 기관지인 『에스프리(*Esprit*)』는 몇 년 전에 오늘날 문화 공무원들과의 공모로 박물관과 미술관들을 침범하는 "아무나"를 비판하는 논쟁을 일으켰다. 순수 자유주의의 기관지인 『르 데바(*Le Débats*)』는 세 사람이 벌이는 시합을 소개했었다. '예술가의 책임' 안에서 아방가르드들을 경멸하는 장 클레르[1]가 현대 예술의 비방자들을 공격하는 책 『예술의 증오』의 저자 필립 다장[2]과 대립했다. 『현대 예술의 위기』의 저자 이브 미쇼[3]는 "위기"를 사회학적 진화의 용어들—그 안에서 대중민주주의와 다문화주의가 제거하는 것은 예술이 아니라 예술의 유토피아들이다—로 번역하면서 반대자들을 모두 돌려보냈다. 좌파 일간지 『리베라시옹(*Libération*)』에서 극우 잡지 『크리시스(*Krisis*)』에 이르기까지 장 보드리야르[4]가 모든 것이 영상인 세계 안에서의 예술의 치명적 무가치성이란 후렴구를 끝없이 반복하는 동안에 말이다.

이 논쟁들의 진열이 독자에게 "그 유명한 위기는 무엇으로 구성되는가?" 그리고 무엇보다 우선 "예술이란 이름 하에서 문제가 되는 것이 정확히 무엇인가?"라는 질문에 대해 많은 것을 알려주는지는 확실하지 않다. 낙인찍힌 예술가들의 이름들은 의미가 있다. 이 공격들의 대상인 유명한 커플, 요셉 보이즈/앤디 워홀[5]을 중심으로 팝아트에서 개념예술에 이르는, 또는 플럭서스 운동[6]에서 카셀의 도쿠멘타[7] 전시들에 이르는 일련의 사조들이 그들의 행위를 예술의 전통적 형태들에 대한 체제 비판이나 거부와 동일시했다. 예술의 위기는 결국 30년 전에 반체제 예술이었던 것의 새로운 이름이다. 그런데 위기의 경멸자들이 완벽하게 논리적이라면 그들은 예술의 방대한 영역 안의—게다가—조형예술과 행위예술의 경계선에 있는 아주 제한된 부문만을 건드리는 형태들의 후퇴나 일반화가 있다는 것을 확인하고는 오히려 즐거워해야 할 것이다.

그러나 아마도 고발의 수사학이 그것이 고발하는 것보다 더 중요한 것 같다. 그리고 "위기에 처한 예술"에 대한 현재의 비판은 음악이나 영화의, 무용이나 사진의 현재 형태들에 대한 고려보다는 미리 구성된 이데올로기적 논리를 더 따른다. 실제로 그것의 논거들은 1970년대에 "대사상가들"에 대한 고발에 양분을 제공했고, 1980년대부터 끝없이 "68사상"에 대한 고발과 건강한 철학, 칸트적 도덕, "공화국" 정치의 복원을 부양했던 동일한 논거들을 예술과 관련해 팔아먹을 뿐이다. 이 관점에서 보자면 『예술가의 책임』을 읽는 것보다 더 의미심장한 것은 없다. 저자인 장 클레르는 뛰어난 에세이들과 기억할 만한 전시회들, 그리고 피카소 박물관의 운영으로 유명해졌다. 회화에 대한 그의 부정할 수 없는 지식 중 어떤 것도 이 책 안에서는 더 이상 나타나지 않는다. 이 책은 글뤽스만,[8] 핀킬크라우트,[9] 페리[10] 그리고 다른 권위 있는 프랑스 우파 지식인들의 뒤를 좇아 필연적인 희생양을 비난한다. 당연히 독일 낭만주의가 나치주의나 스탈린주의의 모든 범죄들에 책임이 있는 것처럼 예술의 현대적 쇠퇴에도 책임이 있다. 새로움을 찾고 미래의 강제된 예상을 하는 아방가르드적 광란으로 예술의 모더니티를 바꿔놓은 것이 바로 독일 낭만주의이다. 예술 개념을 절대화하고 출신에 대한 비합리적 환상에 예술을 복종시킨 것도 바로 그것이다. 예술의 파산은 이렇게 같은 땅에서 태어난 유토피아의 범죄들을 동반했다. 장 클레르는 이렇게 말한다. 어제 독일 표현주의자들—상징주의를 통한 낭만주의의 계승자들—은 감각과 의미 사이의 경계를 흩뜨리면서 (자신들에게 죽음을 선고할) 나치주의를 준비했다. 오늘날 이제는 아무 내용이 없는 이 예술의지는 자신이 전념하는 "아무거나"를 통해 자기 선언을 계속할 뿐이다.

여기에서도 여전히 결론이 그렇게 분명하지 않다. 사람들은 실제로 이 유토피아가 오늘날 그 끝에 도달했다고 말할 수 있을 것이다. 수없이 비난받은 "아무거나"는 아방가르드의 독재의 끝을, 그리고 포스트모던 예술과 다문화사회의 형태들에 적합한 평화적 공존을 의미할 것이다. 그것이 대략 이브 미쇼의 책이 전개하는 주장이다. 그러나 이 다문화적 '해피 엔드(happy end)'는 프랑스의 새로운 이데올로기의 선도자들에게 전혀 미소를 보내지 않는다. 그들에게 있어서 유토피아들의 파산에 맞서야 하는 것은 단순한 다문화적 합의가 아니라 공화국적·국민적 가치들의 재발견된 의미이다. 때마침 땅과 기원의 헤르더[11]적 암흑에 맞선 칸트의 범세계적 계몽의 의례적 전투도 다른 전투에 의해 대체됐다. 그것은 프랑스의 공화국적 토지의 타고난 매력들을 미국의 다문화적 사막과 대립시키는 전투이다. 따라서 현대 프랑스 예술의 파산은 전후 미국의 미적 강요에 대한 복종이다. 바로 이렇게 장 클레르는 미국 추상 표현주의 안에서의 '올 오버(all over)'의 승리를 그것의 명백한 원인으로 되돌려 보낸다. 미국의 평평한 지역, 직선으로 된 고속도로들에 의해 획일적으로 횡단되는 거대한 변두리의 무한한 자기 유사성이 그것이다. 이 고속도로의 사막에 노르망디 지역의 작가들인 모파상[12]과 플로베르가 섬세하게 묘사한 프랑스 농촌의 작은 숲들과 움푹한 길들이 대립한다.

사실 미국에도 산들이 있다(이 사실을 장 보드리야르에게 알리고 싶어한 몬타나 대학이 주최한 학술대회도 몇 년 전 있었다). 프랑스 고속도로들이 미국 고속도로보다 더 꾸불꾸불한 것은 아니다. 그리고 플로베르는 작은 숲들이 있는 프랑스를 증오했고, 무엇보다도 더 동양에 있는 사막들의 빈 공간을 사랑했다. 그러나 원한의 이데올로기는 논증의 일관성보다 사실의 현실을 더 걱정하지는 않는 자신만의 이유를 갖고 있다.

그렇지만 "상아탑"에 있는 작가를 자신의 마을을 사랑하는 화가로 바꾸는 작업에는 어떤 논리가 있다. 실제로 예술의 위기나 종말에 대한 모든 담론들을 특징짓는 독특한 사실이 있다. 모두가 예술이란 이름으로 회화에 대해서만, 또는 오늘날 회화의 역할을 하는 것에 대해서만 말을 한다. "예술가의 책임"을 심각하게 생각하는 장 클레르는 아마도 회화보다는 소설가들, 음악가들, 영화인들에게서 더 설득력 있는 주장들을 발견했을 것이다. 그들의 대중동원력이 있는지는 전혀 확실하지 않다. 예술의 위기를 별것 아닌 것으로 만드는 이브 미쇼는 예술이 박물관들과 미술관들 너머로 확장된다고도 생각하지 않는 것 같다. 그렇지만 영화나 무용은 그들의 상황이 좋다는 것을 기꺼이 자랑한다. 현대 음악은 자신만의 거주지에서 나와서 다른 음악들을 만나려 한다. 그리고 음악이 지겨운 곳에서도 작곡가들이 할 일을 하지 못한다고 비난하는 사람들은 드물다. 생존 작가들 중에서 엄청나게 열광적 반응을 불러일으키는 사람들은 별로 없지만 아무도 "문학의 위기"를 말하지 않는다. 그러면 회화를 보러 미술관에 온 사람이 그 대신에 여러 무더기의 낡은 옷들, 산더미처럼 쌓인 텔레비전 수상기들 또는 둘로 나뉜 돼지들을 발견할 때 왜 예술 일반이 위기에 빠졌다고 간주하는가? 그리고 현재의 총체적 회화에 대해 무가치한 것이라는 딱지를 붙일 수 있다고 해도 왜 다른 예술들 가운데 한 예술의 일시적인 소멸이 예술의 마지막 재앙이 되는 것인가?

장 클레르는 우리에게 그것은 어떤 다른 미적 장르도 접근할 수 없는 그림영상의 힘이 있기 때문이라고 말한다. 그렇다면 왜인가? 왜냐하면 "회화"는 이 담론들 안에서 예술이 아닌 완전히 다른 것을 지칭하기 때문이다. 그것은 일종의 존재론적 또는 최초의 신비적 계시이다. 거기에서 회화는 신성이나 존재가 영광 속에서 나타나는, 가시적인 것의 태생적 성사처럼 고안된다. 메를로 퐁티[13]는 이렇게 말했다. 나는 그림을 물건처럼 바라보지 않는다. 나의 시선은 그 안에서 "존재의 후광 안에서처럼" 떠돈다. 화가의 탐욕스러운 시각은 그에 따르면 "인간이 자기 집에 살듯이 눈이 사는" "존재의 구조"를 향해 열린다. 사람들은 눈이 데미안 허스트[14]의 잘려진 동물들 안에서 신의 거처이기도 한 인간의 집을 재발견하지 않는다는 것을 쉽게 이해한다. "가시적인 것"의 신비주의 신학의 한 부분이 기독교적 화체(化體)의 이 현상학적 시각에서 양분을 얻는다. 그리고 경주의 끝에서 "스펙터클한 것"에 대한 후기 상황주의자의 비판은 보드리야르가 보기에 잃어버린 현존과 도둑맞은 구현의 노스탤지어 안에서 영성체적 하나가 된다. 예술의 낭만적 "신격화"에 반대하는 비난은 그 자체가 자신이 회화라고 명명한 이 가시적인 것의 종교를 필요로 한다. 예술은 나름대로 잘 지낸다. 그러나 예언자들의 생각은 그다지 잘 지내지 못한다.

주

1 Jean Clair(1940–). 프랑스의 예술기획자 제라르 렌니에(Gérard Régnier)의 필명.
2 Philippe Dagen. 프랑스의 예술사가.
3 Yves Michaud(1944–). 프랑스의 철학자.
4 Jean Baudrillard(1929–2007). 프랑스의 사회학자.
5 Joseph Beuys(1921–1986). 독일의 전위예술가. Andy Warhol(1928–1987). 미국의 예술가. 팝아트의 선구자.
6 Fluxus. 1960년대 초부터 1970년대에 걸쳐 일어난 국제적인 전위예술 운동.
7 Dokumenta. 독일의 카셀에서 5년마다 열리는 세계적인 현대 미술 전시회.
8 André Glucksmann(1937–). 프랑스의 철학자.
9 Alain Finkielkraut(1949–). 프랑스의 사상가.
10 Luc Ferry(1951–). 프랑스의 철학자.
11 Johann Gottfried von Herder(1744–1803). 독일의 철학자.
12 René Albert Guy de Maupassant(1850–1893). 프랑스의 소설가.
13 Maurice Merleau–Ponty(1908–1961). 프랑스의 철학자, 현상학자.
14 Damien Hirst(1965–). 영국의 미술가.

영화의 잘못?

1999년 3월

로베르토 베니니[1]의 영화 「인생은 아름다워」의 상영은 영화—보다 일반적으로는 예술—가 나치의 민족말살에 대해 보여줄 수 있는 것과 보여줄 수 없는 것에 대한 논쟁을 불러일으켰다. 영화의 허구적 요소—자신의 아들에게 수용소에서의 강제생활이 하나의 놀이라고 믿게 만드는 데 성공한 유태인 아버지—는 사실들은 언제나 다르게 해석될 수 있다는 민족말살 부정론자의 주장을 분명히 놀라운 방식으로 흉내낸다. 영화는 민족말살의 끔찍함은 재현될 수 없다고 주장하는 사람들의 논란을 되살리기도 했다. 그리고 재현불가능함에 대한 이 확언은 그렇게 영상에 대해 가해진 "검열"을 거부하는 사람들의 반응을 유발시켰다. 그들 중에서 장 뤽 고다르[2]는 최근에 "사람들이 영화 찍는 것을 막을" 권리는 없다고 선언했고, 이번에는 그가 의심을 받았다. 《르몽드》의 한 글에서 정신분석자이자 『세기의 오브제(*L'Objet du siècle*)』란 의미심장한 제목의 책의 저자인 제라르 와크만[3]은 이 권리주장에 잠재된 영상에 대한 숭배에 질문을 던지고 클로드 란츠만[4]의 책들과 선언들이 드러내는 입장—민족말살의 끔찍함에는 어떤 영상도 적절하지 않다—을 재확언했다.[5] 왜냐하면 영상은 항상 극단을 일반화하고 범죄에 인간의 얼굴을 부여하기 때문이다.

겉으로는 명확해 보이지만 토론의 내용에는 의문나는 점들이 많고 해명되지 않는 부분들이 많이 남아 있다. 아도르노에 대해 너무 쉽게 말하고 너무 길게 해설한 한 문장은 아우슈비츠[6] 이후 예술이 불가능하다고 선언했다. 우리는 오늘날 끔찍한 사건에 대한 예술의 죄의식화가 어떻게 두 개의 상반된 방식으로 해석되는지를 본다. 란츠만에 따르면 영화가 쇼아[7]의 영상들을 제공하고자 하고 그것의 일반화에 참가할 때 영화는 유죄이다. 고다르에 따르면 영화는 그 영상들을 촬영하지 않았고, 강제수용소에 무관심했으며, 그것에 대한 영상들을 찾는 것을 게을리했고 픽션 영화로 죽음의 작품이 발표됐었다는 것을 무시했다는 점에서 유죄이다. 한 사람은 이렇게 말한다. 영화는 영상 때문에 끔찍함에 대해 생각하지 못한다. 또 다른 사람은 이렇게 말한다. 영화는 끔찍함에 대한 영상들이 없어서 끔찍함을 표현하지 못한다. 분명히 유죄에 대한 이 두 모순된 시각들은 예술과 영상 사이의 관계에 대한 두 개의 다른 생각들이다. 영상에 대한 두 개의 신학들 위에 최종적으로 기반을 두는 예술에 대한 두 개의 생각들이다.

우리는 제라르 와크만에게는 그것을 확실히 인정할 수 있다. 즉 고다르의 입장은 영상의 자유에 대한 권리를 옹호하는 것과는 완전히 다른 것에 속한다. 그것은 「영화의 역사」가 오랫동안 보여주는 영화의 진정으로 도상적인 개념에 속한다. 거기에서 고다르는 영화는 예술도 아니고 기술도 아닌 신비라고 말한다. 이 "신비"는 구현의 신비에 다름 아니다. 영화는 허구의 예술이 아니다. 영화 영상은 복제도 아니고 시뮬라크르도 아니다. 그것은 현실의 자국으로 베로니카의 천 위에 나타난 그리스도의 영상과 비슷하다. 영상은 현존의 흔적 자체이기 때문에 진실의 증명이다. 강제수용소가 있었기 때문에 그것에 대한 영상들이 있다. 영화는 그것들을 무시하면서 죄를 지었다. 그리고 끔찍함에 대한 영상들을 금지하고자 하는 사람들은 동시에 그것에 대한 증언을 거부한다. 이 주장은 거꾸로 읽힐 수도 있다. 즉 영상의 진실이 증명되고 영화예술이 그것의 숭배에 헌신하기 위해서는 강제수용소들에 대한 영상들이 있어야 한다.

그렇다고 해서 이 영상의 숭배에 대한 고발이 완벽하게 명확한가? 그 고발은 윤리적 관점과 미적 관점의 단일성을 요구한다. 재현불가능한 끔찍한 사건에 대한 영상을 만들고자 하는 사람은 그 결과물의 미적인 보잘것없음에 의해 처벌받는다. 그런데 "영상을 만든다"는 것이 진정으로 의미하는 것은 무엇인가? 「쇼아」에서의 란츠만과 「인생은 아름다워」에서의 베니니는 모두 움직이는 영상들을 만든다. 차이가 나는 것은 이 영상들의 기능, 그것들이 추구하는 목적과 영화감독이 그 목적을 위해 그것들을 배열하고 구성하는 방식이다. 란츠만은 현실의 흔적들의 계획된 삭제로부터 한 과정의 현실을 증명할 것을 제안한다. 따라서 영상은 사라진 것을 재생산할 수 없다. 영상은 다른 것을 해야 하며 동시에 두 가지 것들을 해야 한다. 즉 영상은 흔적들의 삭제를 보여준다. 그리고 현장에서 실현된 실종의 논리, 민족말살과 그것에 대한 은폐의 논리를 단어들로 재구성하는 증인들과 역사가들의 말에 장소를 제공한다. 이 목적에 따라 영상으로 하여금 말하게 만드는 단어들에 영상을 종속시키면서 란츠만은 버크[8]가 시의 힘과 회화의 힘을 비교하면서 2세기 전에 말했던 역설을 재발견한다. 즉 말들은 도를 넘어서는 숭고함이나 끔찍함을 그 크기대로 옮기는 데 있어서 항상 영상들보다 더 적합하다. 더 적합한 이유는 바로 말들은 그것들이 우리에게 '묘사하는' 것을 '보지' 않아도 되도록 하기 때문이다. 죽음을 향한 마지막 여행의 끔찍함을 "보여주기" 위해서는 '독일 제국철도(Reichsbahn)'가 동의한 운행 명령서들의 분석과 "집단 축소" 메커니즘에 대한 차가운 설명이 도살장으로 인도된 "인간 무리"에 대한 모든 재구성보다 항상 우월할 것이다. 그 이유는 두 가지가 있는데, 이들은 겉보기에 모순적으로 보인다. 왜냐하면 그것들은 우리가 희생자들의 고통을 덜 보고 덜 상상하게 만들면서 죽음의 '기계'를 더 정확히 재현하기 때문이다.

간단히 말해 란츠만의 계획은 특정 형태의 예술, 특정 형태의 "픽션", 즉 단어들과 영상들의 조합을 지휘한다. 확실히 베니니의 계획은 아주 다르다. 그는 민족말살에 대해 어떤 증명이나 부정도 하고자 하지 않으며, 또한 민족말살을 그의 등장인물을 구성하는 논리를 최고조로 올리는 데 적합한 상황으로 간주한다. 영화 전체가 실제로 항구적인 기적과 모든 현실의 변형을 가능케 하는 등장인물의 능력이라는 단 하나의 요소 위에 건설된다. 영화는 수용소의 현실을 부정할 능력도 없고 그것에 대해 뭔가를 말할 능력도 없다. 영화의 보잘것없음은 나치의 끔찍함을 허구로 만들고 그것에 대해 웃도록 했다는 윤리적 분노로부터 오지 않는다. 그것은 베니니가 아무것도 허구로 만들지 않았다는 것에서 온다. 베니니와 같은 작가 겸 배우인 채플린은 「독재자」에서 히틀러에 대해 웃도록 만들겠다는 내기를 거는 위험을 감수했고, 내기에서 이겼다. 그러나 히틀러라는 인물을 허구에 놓기 위해서 그는 가장 비싼 대가를 치러야 했다. 그는 자신의 캐

릭터인 찰리가 가진 단일성을 깨고 독재자와 그의 희생자라는 반대된 역할들을 하게 만들고, 자기 자신의 이름으로 말하게 하기 위해 그 둘을 모두 발가벗기는 데 동의했다. 그는 '총통'의 길 위에서 그의 인물의 '이동'을 연출했다. 연출가 베니니는 배우 베니니의 이동을 발명할 능력이 없다. 어떤 것도 허구로 만들 능력이 없고, 단지 마술사의 손짓을 무한정 반복할 수 있을 뿐이다. 수용소 장면들은 촬영될 수 없고 촬영돼서는 안 되는 영상들을 제공하기 때문에 나쁜 것이 아니다. 그 장면들은 그 이전 것들보다 존재 이유가 더 많지도 더 적지도 않기 때문에 나쁜 것이다.

따라서 질문은 영상의 적격함이나 부적격함에 대해서가 아니라 연출의 허구적 능력에 대해서 제기된다. 영상이 그 자체로 할 수 있는 것과 할 수 없는 것에도 질문이 제기되지 않는다. 영상에 의한 "일반화"의 주장은 효율성이란 측면에서 제기될 경우 그 자체로 모호하다. 왜냐하면 예외적 사건의 증명은 이중 위험에 복종하기 때문이다. 그것이 예외적이란 핑계로 사건들의 재현이 갖는 보통 조건들에서 그것을 빼내는 것은 다른 것과 동일한 규칙들에 따라 그것을 재현하면서 일반화하는 것만큼이나 위험하다. 따라서 영상의 적들과 숭배자들은 모두 이 일에서 다른 목적을 갖고 있다고 생각해야 한다. 사도 바울의 제자인 고다르가 영상에게 부여하는 구원의 가치를 비판하면서 제라르 와크만은 영상의 다른 신학—재현에 대한 모세의 금지—을 작동시키는 것을 거부한다. 그러나 여기서 문제가 되는 것이 법의 신성성이 전혀 아니라면 다른 것이, 예술의 신성성이 문제가 될 수 있을 것이다. 재현불가능에 대한 주장은 예술의 근대적 운명과 역사적 임무 사이의 균형을 보장하고자 한다. 이 논리에 따르면 말레비치[9]의 「흰 바탕 위의 검은 사각형」은 구상적 원칙을 무너뜨리면서 근대 예술에 부재라는 진정한 주제를 제공할 것이다. 영상의 진실을 증명하기 위해 고다르는 「독재자」의 수용소 안에서, 또는 「게임의 규칙」의 토끼 사냥과 죽은 자들의 춤 안에서 다가올 민족말살의 예언들을 봐야 했다. 예술의 임무를 증명하기 위해 그의 비판은 동일한 논리를 만들어야 하고, 1910년대의 반재현적 선언들 안에서 근대 예술의 사명—민족말살이라는 "세기의 오브제"를 보고하는 것—에 대한 예언적 예상을 발견해야 한다. 바로 예술적 모더니티의 신학이 구원적 영상의 신학에 맞선다. 이 전투가 좋거나 나쁜 영화들이 하는 것을 정당하게 평가하는지는 확실하지 않다.

주

1 Roberto Benigni(1952–). 이탈리아의 영화배우, 감독.
2 Jean–Luc Godard(1930–). 프랑스의 영화감독.
3 Gérard Wajcman. 프랑스의 정신분석학자.
4 Claude Lanzmann(1925–). 프랑스의 영화제작자.
5 저자 주 : Gérard Wajcman, " 'Saint Paul' Godard contre 'Moise' Lanzmann?", *Le Monde*, 3 décembre 1998.
6 Auschwitz. 폴란드 남부에 있는 도시. 제2차 세계대전 중 독일 최대의 강제수용소이자 집단학살 수용소인 아우슈비츠 수용소가 있었던 곳.
7 Shoah. 유태인 학살.
8 Edmund Burke(1729–1797). 영국의 철학자, 정치인.
9 Malevitch, Kazimir(1878–1935). 러시아의 화가.

이름 없는 전쟁

1999년 5월

"걸프 전쟁은 일어나지 않을 것이다." 1991년 초에 한 프랑스 지식인이 이렇게 예언했다.[1] 그에 따르면 군사적 억제 기계는 이제 현실이 시뮬레이션에 자리를 양보한 세상의 일반 법칙을 따랐다. 다른 모든 영역에서처럼 전쟁영역에서 힘의 논리는 사건들이 일어나는 것을 막기 위해 사건들을 흉내내는 것이었다. "실제" 전쟁은 군사력의 억제적 실행과 어긋나기 때문에 일어날 수 없었다. 경험적 사건들은 이 아름다운 추론을 반박하는 것처럼 보였다. 추론가는 서둘러서 전혀 그렇지 않다는 것을 보여주었다. 걸프 전쟁은 일어날 수 없었다라고 그는 명확히 말했다. 그리고 사실 그것은 '일어나지 않았다.' 실제로 작전들은 컴퓨터 계산에 의해서만 결정됐고, 결과들은 텔레비전 화면을 통해서만 우리에게 전달됐다. 컴퓨터 화면과 텔레비전 화면 사이에서 일반적 사건들과 특수한 전쟁이 머물 수 있는 유일한 공간은 가상적 현실의 공간인 화면의 공간이다. 일어날 수 없었던 것은 시뮬레이션 화면 위에서를 제외하고는 일어나지 않았다.

무존재가 존재할 수 없다고 확언하는 것은 항상 소피스트들이 좋아하던 여가거리였다. 그렇지만 이런 방식의 추론을 말장난을 위해서 현실을 부정하려는 지식인들의 억제할 수 없는 경향 탓으로 너무 성급히 책임을 전가해서는 안 된다. 지식인들은 사람들이 말하는 것보다 더 관찰자들이고 더 현실주의자들이다. 그들은 말이 현실의 반대가 아니라는 것을 안다. 반대로 말은 현실에 견고함을 주는 것이다. 소피스트들이 오늘날 어떤 현실이든지 그것의 무존재를 아주 쉽게 선언한다면 그것은 사실 이 "현실"을 만든 사람들이 자신들이 만든 것에 이름을 줄 능력이 안 돼서 현실을 소피스트들에게 넘겨 버리기 때문이다. 컴퓨터들과 가상성은 아무런 책임이 없다. 오늘날 어느 누구도 코소보 전쟁이 일어나지 않을 것이고 일어나지 않거나 일어나지 않았다고 말하는 위험을 감수하지 않는다. 그렇지만 누가 나토가 이끄는 군사작전들에 이름을 줄 수 있는가? 전쟁 안의 개입인가? 그렇지만 어떤 종류의 전쟁인가? 이상한 전쟁은 전혀 아니다. 연합국들은 코소보에서 다른 민족에 의해 공격받는 민족의 현실을 인정하지 않는다. 그렇다면 내전인가? 그러나 누가 연합국들에게 아무리 폭력적이라 하더라도 다른 나라의 내정에 개입할 권한을 줄 수 있는가? 그렇다면 세 번째 유형의 전쟁이 남는다. 그 전쟁에서는 반목하는 항들은 더 이상 두 나라나 한 나라의 두 진영이 아니라 인류와 반인류이다.

바로 이 도식이 채택됐다. 인간학살 시도의 희생자들인 코소보의 알바니아 사람들이 인류였고, 그 인류를 구조하기 위해 인간 학살의 도발자들을 상대로 한 개입이 이뤄졌다. 반인류는 피비린내나는 독재자에 의해 구현됐다. 인류와 반인류 사이에는 영토적 경계선이 없으며, 내정간섭의 권리에 대한 한계도 없다. 그러나 모순이 전쟁의 원칙에서 제거된 것은 오로지 극단적인 행동을 보이기 위해서이다. 구조해야 할 인류의 이름으로 진행된 전쟁은 본래 전면적 전쟁이고, 인류의 권리들이 준수되도록 하겠다는 목적에 의해 완전히 결정된 전쟁이며, 그것을 준수하게 하는 수단에 있어서 어떤 한계도 없는 전쟁이다. 그렇다면 어떻게 제한적인 인도적 전쟁을 생각하는가? 반인류적 범죄자의 군대가 지상에서 자유롭게 작전을 수행하고 권리를 침해받는 인류를 대표하는 사람들을 집단적으로 제거하는 일을 자유롭게 하는 동안 선별적 폭격들이 그 범죄자를 협상 테이블로 데려오는 전쟁인가? 마치 인도적 전쟁은 민족청소의 장이 된 영토의 아래와 너머에 위치한 두 개의 작전으로 나눠진 것처럼 모든 일이 진행된다. 한편에는 범죄의 도발자를 억제하고 처벌하는 것을 동시에 겨냥하는 군사작전들이 있고, 다른 한편에는 수십만 명의 범죄의 희생자들을 받아들이는 인도적 작전들이 있다.

이 겉으로 드러난 모순들은 몇몇 사람들로 하여금 인도적 행렬 뒤에 숨겨진 비밀스러운 뒷거래나 검은 의도들을 의심하게 만들었다. 그러나 모순이 없을 수 있고, 민족청소의 논리와 인도적 전쟁의 논리 사이에는 숨겨진 모든 뒷거래보다 더 깊고 더 당혹스럽게 만드는 수렴이 있을 수 있다. 두 논리는 모두 정치의 부정이라는 동일한 원리를 갖는다. 민족주의(ethnicisme)는 인민을 인종에, 시민성이 실행되는 영토를 조상의 땅에 동일시하면서 정치의 공간 자체를 없앤다. 민족청소는 원치 않는 민족을 영토에서 쫓아내는 일만 하는 것이 아니다. 그것은 공적인 삶을 가진 인민의 집단적 현실과 인민을 구성하는 개인들의 독특성을 동시에 부정하면서 그 민족을 분화되지 않은 무리로 구성하는 일을 한다. 인도적 전쟁은 이 이중의 제거과정에 인권의 존중을 대립시킨다고 주장한다. 그러나 그 전쟁이 보호하는 "인간"은 아주 특수한 모습들을 갖는다. 그는 바로 민족청소 계획의 산물의 모습을, 희생자의 모습을 갖는다. 더 이상 정치가 아닌 정치와 전쟁이 아닌 전쟁 사이에서 확장되는 '무인지대들(no man's lands)' 안에서 계속 증가하는 것은 바로 이 이상한 구성의 핵심인 "인도적인 것"이다. 예전에 사람들은 전쟁은 다른 수단들을 통한 정치의 연장이라고 말했다. 인도적 전쟁은 정치 제거의 연장이다.

정치 제거의 형태에는 두 가지가 있다. 인민의 통치를 부(富) 배분의 자율성을 통한 인구의 자율규제와 동일시하는 것이 있다. 그것은 정치의 통증 없는 제거이며, 사람들이 합의라고 부르는 것으로 부가 그것을 허용하는 곳에서 행해진다. 그리고 가난한 자들의 손이 미치는 제거가 있다. 그것은 인민의 통치를 피와 땅의, 그리고 조상들의 법과 동일시하는 폭력적 제거이다. 따라서 "인도적인 것"은 군사와 구호의 이중 체계이다. 그 체계를 통해 부자들의 합의는 가난한 자들의 전쟁의 과잉을 포함한다. 해체된 인민들, 부정된 개인들, 민족주의가 그들을 희생자들 혹은 대중으로 구성한 것처럼 인도적인 것도 그들을 그렇게 다룬다. 코소보 사람들이나 보스니아 사람들—마찬가지로 세르비아 사람들도—이 우리가 그런 것처럼 모두 똑같이 독특하고 서로 다른 개인들이고, 우리의 것과 같은 정교함을 가진 지적이고 예술적 삶의 참가자들이며, 그만큼의 적대관계들이 있는 공적인 삶의 행위자들이라는 것을 바로 인도적인 것은 알려고 하지 않는다. 민족청소, 억제전쟁 그리고 인도적 구호에는 공통된 대중화의 논리가 있다.

군사적 표적들과 뒤섞인 세르비아 여행자들이나 알바니아 피난민들을 죽음으로 이끈 "실책들"이 잘 보여주는 것이 바로 이 논리이다. 그 둘은 비행기와 컴퓨터로 볼 때 사실 잘 구분이 되지 않을 수 있다. 그러나 문제는 실재와 가상의 관계들에 관련된 것이 아니다. 그것은 두 인류 사이의, 개인들이나 대중들에 의해 지각되고 생각되는 두 방식들 사이의 관계들에 관련된 것이다. 공중폭격의 전쟁은 전쟁을 하는 사람들의 생명을 위험하게 하지 않겠다고 주장하는 전쟁이다. 어떤 미군 병사의 생명도 위험에 처하지 않게 하는 것은 발칸 지역에서의 미국의 전쟁을 미국인들이 허용할 수 있도록 만드는 암묵적 계약이다. 폭탄을 날리는 진영에서의 이 계약의 준수는 폭탄을 받는 진영에서의 몇 가지 실망들을 유발시킬 수 있다. 그러나 문제는 양측의 계산이 동일하지 않다는 것이다. 미군 병사 한 명의 생명과 세르비아나 알바니아 민간인 20명의 생명은 비교되지 않는다. "민주주의자들"—우리 국가들이 부르는 대로—이 발칸 지역에서 수행하는 인도적 전쟁은 개인들의 인류와 대중들의 인류, 이 두 인류 사이의 경계선에서의 전쟁이다. 세르비아 민족청소자들이라는 반인류에 맞서 코소보의 알바니아 사람들이라는 인류를 위해 싸우는 것은 이 두 인류를 분리하는 것이기도 하다. 그리고 이 관점에서 때때로 폭격의 맹목적인 논리는 정확한 지점을 겨냥한다. 서구 개인들의 하늘에서 보면 밀로세비치[2]의 군인들, 세르비아 민간인들 그리고 피난민 대열들의 무리는 혼동된다. 공격하는 자들과 공격받는 자들은 경계선의 동일한 (나쁜) 진영이다. 옛날식 무리들의 지상세계에 개인들의 천상세계—현대적이고 부유하고 민주적인—가 대립된다. 나토의 항공전은 모든 전쟁이 전제하는 것—두 진영의 공통된 전쟁터의 존재—을 쉼 없이 부정한다는 점에서 전쟁이 아니다.

그렇기 때문에 잘못 확인된 목표물들의 실책들은 이 전쟁 아닌 전쟁에 대한 지지를 전혀 막지 못한다. 사실 그것들은 그 전쟁을 지탱하는 상상적 지리학을 확언한다. 이 논리에 따르면 무서운 폭탄들은 미국 항공기들이 떨어뜨리는 폭탄들이 아니다. 무서운 폭탄들은 자신들이 나온 영토 위에서, 다시 말해 자신들의 등 뒤에서 터지는 폭탄들이다. 하루는 코소보 희생자들의 영상들이 CNN 화면에서 사라졌다. 찢겨진 다른 육체들, 울고 있는 다른 여성들과 아이들이 그들의 자리를 차지했다. 콜로라도의 두 고등학생들이 만든 수제 무기들의 희생자들이었다. 두 평범한 미국 청년들은 특정한 감성, 옷 입는 특정한 방식, 자신의 개인적 차이와 자신의 작은 집단의 정체성을 확언하는 특정한 방식에 동화된 비정치적 "히틀러주의"의 이름으로 많은 미국인들 속에서 총을 쐈고, 그들을 동일한 희생자 무리로 만들었다. 그것은 깨끗한 전쟁의 상상적 지리학을 폭발시키는 데 충분했고, 개인들의 세계와 무리들의 세계 사이에서 다른 폭탄들이 그린 경계선을 폐지하는 데 충분했다. 에릭 해리스와 딜란 클레볼드의 살인적 광기는 갑작스럽게 다음과 같은 것을 상기시켰다. 발전된 사회들의 개인들을 독특하게 만드는 취향들과 옛날식의 민족들에게 부여된 무리들의 열정들과 고통들 사이에 어떤 깨끗한 전쟁도, 어떤 GNP 수준도 경계선을 긋지 않는다. 정치라고 불렸던 이 수수께끼가 된 것만이 아마도 그 일을 할 것이다.

주

1 저자 주 : Jean Baudrillard, *La guerre du Golfe n'aura pas lieu*, Paris, Galilée, 1991.

2 Slobodan Milosevic(1941–2006). 세르비아 대통령. 유고연방의 내전을 주도했다.

영상에 대한 한 권리는 다른 권리를 쫓을 수 있다

1999년 10월

얼마 전 프랑스에서 법무부와 사진가 조합 사이에서 발생한 "초상권"에 대한 논쟁은 영상을 통해 정보를 제공하는 기자들의 권리와 자기 자신의 영상과 사생활을 보호받을 개인들의 권리 사이의 관계들만을 건드리는 것이 아니다. 그것은 영상, 권리, 정치 그리고 특별한 날 등장하는 예술 사이의 관계들의 현 상태의 이상함도 건드린다.

갈등은 무죄 추정과 희생자들의 권리에 관련된 법 제정안의 두 가지 조치들에서 발생한다. 첫 번째는 수갑을 찬 사람들의 사진을 출판하는 것을 금지하는 것이고, 두 번째는 범죄 희생자들의 존엄성이 훼손될 상황에서 촬영된 희생자들의 사진을 출판하는 것을 금지하는 것이다. 두 조치들은 모두 사람들의 권리—사람들의 사생활, 초상, 존엄성의 보호, 유죄로 인정되지 않는 한 모든 사람의 무죄 추정—신장에 대한 하나의 동일한 전체적 관점 속에 포함된다. 이미 "피고소인"이란 명칭은 "피조사인"으로 바뀌었다. 사람의 투옥에 대한 모든 물질적 영상이 금지되면서 한 발자국 더 멀리 나가게 됐다. 그러나 이 한 발자국은 당혹스러운 결과들을 만든다. 사실의 상태에 대한 명칭을 완곡하게 표현하는 것이 더 이상 문제가 아니다. 그것의 물질성을 보이지 않게 만드는 것이 문제이다. 사적인 사람의 보호는 사건 자체의 가시성을 중지하는 것이 되려 한다. 판결되지 않은 것은 보여서는 안 되고 가시성을 가져서는 안 된다. 이 암묵적 규칙은 다른 규칙 하나를 감춘다. 이제는 법정의 판결이 유일한 '판결'이라는 것이다. 과거에 피고소인의 영상은 판사들의 판결과는 독립된, 심지어는 그 판결에 이의를 제기하는 여론의 판결에 호소하는 것처럼 기능했다. 또는 그것은 옳지 않은 상태를 고발하기 위해 기존 법에 반대하는 어쩔 수 없는 행동의 내재적 정의를 주장하는 데 사용됐다. 그것은 기존 법들의 정당성을 문제 삼는 고전적인 정치투쟁 속에 포함됐다. 최근에도 프랑스에서 맥도날드 체인에 맞선 영농인 단체의 지도자가 자기 투쟁이 옳다는 것에 대한 상징으로 기자들의 눈앞에서 자신의 수갑을 흔들었다. 새로운 논리 안에서 무죄 추정은 모든 사적인 사람의 권리에 속하기 때문에 결백한 죄인이나 투옥된 정의의 수호자의 모습들이 상징했던 두 정의들과 두 판결들 사이의 간극에 대한 정치적 분쟁을 없앤다.

사람과 그의 영상에 대한 보호는 이렇게 파기할 수 없이 정치적이고 존재론적인 활동을 만들어낸다. 그것은 특정한 판결형태와 정치적 시위형태와 함께 가시적인 것의 한 부분을 빼내는 경향이 있다. 그것은 사람들이 예전에 금지하던 전염성이 있는 사례나 참을 수 없는 끔찍함의 부분이 아니다. 폭력, 외설, 또는 끔찍함의 영역에서 화면이 검열하는 것은 더 이상 아무것도 없다. 금지된 부분은 비결정된, 분쟁 중의 부분이다. 바로 이 부분이 행위자의 "유죄"와 함께 행동 자체의 속성을 문제 삼으면서 정치적 갈등을 키웠다. 따라서 그러한 빼냄이 사실들의 가시성과 함께 그것들의 존재에 대한 증명 자체를 얻지 못한다면 어디에서 멈출 것인지를 아는 것이 문제이다.

범죄 희생자들의 존엄성이 훼손되는 상황들에서 그들을 보여주는 것을 금지하는 두 번째 금지 조치는 바로 이 문제를 제기한다. 그래서 코르시카 테러분자에 의해 살해당한 도지사의 미망인은 땅에 머리를 대고 있는 자신의 남편을 보여주는 사진에 대해 항의를 했다. 파리 지하철 안에서 테러분자의 폭발로 인해 일어난 바람에 거의 알몸이 드러난 한 여자의 영상이 비슷한 스캔들을 불러일으켰다. 그러나 한 사람이 자신의 존엄성을 주장하는 이 독특한 경우들은 그것들과 함께 우리 시대에 큰 흔적을 남긴 끔찍한 사건들을 보여줬고, 계속 보여주는 사진들의 거대한 사슬을 이끌어낸다. 입법자들에 맞서 기자들과 사진가들은 나치 수용소 생존자들의 사진들이나 네이팜탄에 불탄 벌거벗은 베트남 소녀의 사진, 오늘날 보스니아나 르완다, 티모르나 코소보에서의 많은 대량 범죄들을 기록한 사진들과 같이 역사에 등장한 증언들을 들이밀었다. 분명히 희생자들의 겉모습은 인간적 존엄성의 이상형에 부합하지 않는다. 당연한 상식에 따르면 우선 그들의 상황이 합당치 않은 것이며, 영상은 바로 그것에 대해 증언하고자 한다고 할 수 있다.

그러나 사건—정치적이고 존재론적인—은 희생자들에 대한 존중과 그들의 상황에 대해 알려줄 의무 사이의 단순한 대립을 훨씬 뛰어넘는다. 왜냐하면 의사들이나 심판관들을 위해 세계의 고통과 불의들을 알려줄 수 있을 것인지 없을 것인지를 알고자 하는 문제만이 아니기 때문이다. 사진은 두 가지 것을 동시에 증명한다. 사진은 범죄의 증거만을 증명하지 않는다. 사진은 살해자들로부터 인간 이 하의 벌레 취급을 받는 사람들의 현존과 공동의 인간성의 무게를 표시하면서 범죄의 속성도 증명한다. 인간학살과 민족청소가 부정하는 것은 사실 개인이 "그의" 영상에 대해 갖는 모든 소유권 이전에 존재하는 최초의 "초상권"이다. 공동의 인간성의 영상 안에 포함될 권리 말이다. 민족청소나 민족말살은 항상 그것의 고유한 전제를 실제로 보여주는 것이다. 학살된 사람은 그가 배제된 곳에 속하지 않으며, 인류에 진정으로 속하지 않고, 어쨌든 이 자리와 이 장소에 존재할 권리를 가진 인류에는 속하지 않는다는 것이 그 전제이다. 그래서 민족청소나 민족말살은 흔적들의 소멸과 독가스실의 존재를 부정하는 담론 안에서 논리적으로 완결된다.

이 사진들에 맞서 희생자들의 존엄성이 위협받는다고 주장하는 것은 이 부정된 최초의 권리 대신에 공동의 영상을 가질 권리, 그 희생자들이 신경쓰지 않는 권리—자신의 영상으로 돈을 벌 능력이 있는 사람들만이 행사하는 자기 영상에 대한 소유권—를 대체하는 것이 아닌가? 사람들은 그것은 교육의 문제라고 말할 것이다. 사람들은 지금으로서는 코소보의 희생자들이 자신들의 영상들을 출판한 것에 대한 배상을 요구하기 위해 프랑스 언론에 오리라고는 전혀 기대하지 않는다. 그리고 법무부는 불안해하는 사람들에게 법은 전쟁에서 일어난 일들과는 무관하다고 확언하는 답변을 했다. 이 "안심시키는" 답변은 난감하다. 왜냐하면 그것은 영상의 지위를 바로 문제가 되고 있는 영역들과 장르들의 분할로 환원시키기 때문이다. 그 관점에서 보면 히틀러는 유태인들과 전쟁을 하지 않았고 건강에 해로운 기생충들을 제거했다. 마찬가지로 세르비아 민병들은 코소보 사람들과 전쟁을 하지 않았다. 그들은 "그들의" 자리에 있지 않은 사람들을 제거했다. 그리고 민족청소에 응답한 "인도적" 작전들은 전쟁에 개입한다고 주장하지 않는다. 말살의 사실과 독가스실의 존재를 부정하는 담론이 현대의 사상 안에서 우리가 알고 있는 중요함을 갖게 된 이유는 그것들도 오늘날 영역—공과 사, 정치, 경찰과 전쟁—사이의 분할선을 강타하는 불확실성에 대해 증언하기 때문이다. 소유자의 권리와 희생자의 권리는 결국 이중 무대—한편에는 소유자의 이익들의 세계적인 사적 무대가 있고, 다른 한편에는 민족적 충돌과 인도적 개입의 무대가 있다—를 위한 정치세계의 편향적인 소멸을 잘 보여준다.

그러나 이 혼란 속에 빠진 것은 영상 일반—그리고 특히 사진 영상—만은 아니다. 예술적 근대성에 대한 특정한 생각도 혼란 속에 빠졌다. 우리 시대에 사진이 이중의 재산—정치적이고 예술적인—을 갖게 된 것은 사진이 근대 예술이 익명인들의 영상과 맺은 특혜적 관계를 보여줬기 때문이다. 이 익명인들은 19세기에 항상 특권층이, 이름을 갖고 역사를 만들던 사람들이 전유하던 이 영상을 가로챘다. 세기의 끔찍함들을 증명하는 위대한 기자들의 렌즈와 거리의 아이들이나 익명의 연인들을 촬영하는 두아노(Doisneau)[1]와 카르티에 브레송(Cartier-Bresson)[2]의 렌즈는 형제였다. 그것들은 누구나 역사의 주체와 예술의 대상이 될 수 있다는 것을 보여준 이 시대를 표현했다. 바로 이 '익명인'도, 민주적 정치와 근대 예술의 공통 주체도 그 역시 자신의 영상이 둘로 나뉘는 것을 본다. 법이 무죄 추정자들에 대한, 그리고 희생자들의 존엄성에 대한 모호한 보호를 확장시키는 동안 전설적 사진의 익명인들은 자기 영상의 상업적 가치가 얼마인지를 물으러 온다. 영상의 소유자들과 존엄성의 소유자들로 분할된 세계 안에서 정치뿐만 아니라 예술도 역시 자신의 영상들이 위태롭게 되는 것을 본다.

주

1 Robert Doisneau(1912−1994). 프랑스의 사진가.

2 Henri Cartier Bresson(1908−2004). 프랑스의 사진가.

부패의 삼단논법

2000년 10월

"모두가 썩었다!" 과거에 사람들은 이러저러한 통치자의 새로운 부정한 움직임들이 돌출할 때마다 이렇게 말했다. 그러나 우리 시대에 모든 것은 더 정교해지고 두세 단계 변형돼 처리되는 경향이 있다. 미국의 대통령이 화면 위에 빨간 사각형을 표시하고 자신의 비서와의 관계를 세세히 설명해야만 할 때, 또는 프랑스 대통령이 속한 정당의 전 회계담당자가 그 대통령이 시장으로 있던 파리 시청에 만연한 영향력 행사 체계를 문제 삼을 때 해당 국가 수도의 거리들에서 시위자들이 부패한 통치자들에 대해 분노의 소리를 지르며 모이는 것을 더 이상 볼 수 없다. 반대로 통치자들이나 전직 통치자들이 대부분인 많은 중요한 사람들이 자신들의 망연자실함을 표현하는 소리가 들린다. 따라서 공화당 정부의 적들에게 "모두 썩었다!"라고 소리지를 기회를 주기 위해서가 아니라면 왜 이런 폭로들을 하는가?라고 그들은 말한다. 그들은 또 사람들이 죽이는 것은 바로 정치라고 말한다. 누가 아직도 판사들과 미디어들의 악착스러움에 맞서 통치를 하려고 하겠는가? "판사들의 공화국"과 "미디어의 집단폭행"은 공적인 삶에 대한 임무를 맡은 사람들의 호의를 꺾는다. 그리고 그것들은 정치 자체의 신용을 떨어뜨린다. 정말로 모든 파렴치함을 감추고 정치를 다시 높게 만들 때이다.

물론 자신을 위한 이런 변호들은 의심스럽다. 그러나 사건에 조금 깊이 관련된 정치인들 옆에는 아리스토텔레스와 공익을, 로크[1]와 시민 정부를, 칸트와 계몽을, 한나 아렌트[2]와 공적인 삶의 영광을 조금 아는, 본래 이해관계를 초월한 철학자들이 있다. 프랑스는 믿을 수 없이 많은 그와 같은 철학자들을 생산했고, 그들 중 다수는 정부 영역과 미디어 세계 사이를 오간다. 그런데 그들은 목소리를 높이고 악의 근원에까지 거슬러올라갈 것을 제안한다. 그들은 우리에게 멀리 보도록 만들고 미래를 위해 행동하도록 만드는 정치의 시대가 있다고 말한다. 현재만을 살며 매일 새로운 것을 팔아야 하는 의무감에 사는 미디어들의 시대를 그 시대가 따르고 있는데 어떻게 그 시대를 보존할 것인가? 공적인 삶은 사적인 삶의 파렴치함으로부터 거리를 두고 떨어져 있어야 하고, 사적인 삶은 공적인 시선에서 빠져나와 있어야 한다. 공동생활의 제도들은 절대 건드리면 안 되는 상징계 위에 자리 잡고 있다. 정치는 간격을 기반으로 만들어진다. 사람들이 정치를 전체적 시각성과 광고의 미디어적 지배에 복종시킬 때 정치는 죽음의 위협을 받는다.

우리의 철학자들은 편파적이지 않기 때문에 동종업계의 구성원을 문제 삼는 것을 주저하지 않는다. 그들에 따르면 바로 장 자크 루소[3]에게서 이 공동생활의 투명성이라는 치명적 생각이 나왔다. 이 생각은 혁명적 덕목의 유토피아들과 범죄들을 생산했고, 청렴한 로베스피에르[4]가 주도한 공포정치에 양분을 제공했다. 비밀이 없는 시대에, 그리고 자기 부모들의 반혁명적 움직임들을 고발하는 소비에트 작은 영웅들의 시대에 전체주의적 끔찍함을 낳은 것은 바로 이 투명성이란 생각이다. 오늘날 이 생각은 왕자들의 비밀과 스타들의 은밀한 생활을 알고자 하는 민주주의 사회의 군중들의 욕구 속에서 보다 평범함 형태로 나타난다. 그러나 전체주의의 벌레는 민주주의의 과일 안에 있다. 대중사회의 개인들의 욕구를 만족시키기 위해 기자들은 그들에게 공동생활을 이끄는 사람들의 처지를 전달하고 내일의 부드러운 전체주의의 침대를 정돈한다. 따라서 좋은 공화국 정부에 어울리는 비밀과의 간격을 너무 늦기 전에 복원하자.

이 담론들은 그럼에도 우리를 꿈꾸게 내버려둔다. 실재의 어떤 독재가 투명성 위에 기반을 두고 만들어졌는가? 스탈린 체제는 자기 아버지를 고발했다는 이유로 자기 가족에 의해 죽임을 당한 어린 파벨 모로조프(Pavel Morozov)의 동상들을 세울 수 있었다. 그래도 그 체제는 당사자들은 알 수 있는 수단을 갖고 있지 않았던 헌법의 존재에까지 밀어붙인 비밀의 체계적 사용에 기반을 두고 있었다. 종교적 유형의 몇몇 공동체들은 투명성의 원칙 하에 통치될 수 있다. 하지만 어떤 국가도 그럴 수 없으며, 전체주의 국가는 더더욱 그럴 수 없다. 루소주의=투명한 집=전체주의라는 기만적인 공식 뒤에서 이 추론은 민주주의를 공적인 삶의 상징적 형태들에 대해서는 신경쓰지 않지만 광고와 상품에는 탐욕스러운 대중 개인주의의 승리와 동일시하는 생각을 사실상 확립시키고자 한다. 따라서 이 민주주의 안에서 전체주의로 가는 길을 여는 정치에 대한 경멸의 원칙을 보기는 쉽다. 또한 국가의 서비스 안에서 구현된 공동생활의 위대한 목적들을 향해 높고 멀리 바라보는 공화국적 덕목을 이 민주주의와 대립시키기도 쉽다.

바로 여기에서 통치자들은 철학자들의 튀어오른 공을 다시 잡는다. 결국 공적인 시장 안에서 만연한 이 부패는 어디에서 기인한 것인가?라고 그들은 묻는다. 정치인들은 기업들에게 돈을 요구하고 정당의 지출을 재정적으로 지원하기 위해 자신들의 지역적 권력을 이용하는가? 그런데 민주적 대중을 구성하는 개인들의 타락한 취향을 만족시키기 위해 광고들을 엄청나게 해야 하는 이 막대한 돈이 드는 선거전들을 위해서가 아니라면 이런 지출이 왜 필요한가? 그러면 더 이상 정당이나 선거가 없도록 해야 할 것인가? 어떠한 위선도 없도록 말이다! 민주적 개인들로 구성된 인민이 자신이 필수적인 것으로 만드는 이 악을 받아들이는 정직함을 갖도록 하라. 그리고 부주의로 약간의 공적인 돈이 몇몇 의원들의 호주머니로 들어간다 해도 인민이 이런 개인적 방종 안에서 자신의 일상적 욕구의 확대된 영상을 발견하도록 하라. 바로 그 인민 때문에 공화국의 의원들은 공동생활의 거대한 목적들을 일상적으로 바라보는 그들의 시선들을 때때로 몇몇 천한 거래들을 향해 돌려야 한다. 우리의 덕목은 이처럼 타락하면서 인민의 악행에서 기인한 값을 치른다. 따라서 인민이 우리의 희생에서 기인한 값을 되돌려주는 정직함을 갖도록 하라. 그리고 인민이 자신이 원인이 되는 부패를 위선적으로 고발함으로써 위험들—인민이 정치적 이유로 감수하게 만들고 전체주의에 길을 열어주게 만드는—을 더욱 심화시키지 않도록 하라.

따라서 마치 부패에 의한 증거가 지금은 반대로 기능하는 것처럼 모든 일이 진행된다. 과거에 그 증거는 통치자들이 자신들의 사적 이익을 위해 공동의 일들을 배신한다고 인민의 이름으로 비난했다. 오늘날 부패는 불행히도 통치자들이 민주적 인민의 나쁜 경향들에 의해 공동의 일들을 운영하는 데 구속을 받는다는 것을 증명하는 데 사용된다. 논증의 세부는 그것이 증명해야 하는 것보다, 즉 그 일을 하는 사람들이 평화롭게 통치하도록 내버려 둘 필요보다 덜 중요하다. 아마도 바로 이 논리를 완성하기 위해 권력자들은 권력의 추한 비밀들을 알고자 혈안이 된 작은 민주주의자들이 갖고 있을 것이라 가정된 욕망들을 그렇게 자주 앞서 나간다. 실제로 미디어들은 사람들이 그들에게 배달하는 비밀들만을 유통시킬 뿐이다. 미국 대통령에게 모니카 르윈스키와의 관계의 정확한 성격에 대해 해부학적 정확성을 요구했던 사람들은 『피플』지의 독자들을 위해 봉사하는 기자들이 아니었다. 그들은 착한 기독교인들, 정직한 판사들과 의원들, 가족의 행복과 사생활 비밀의 보호자들이었다. 그리고 프랑스 대통령이 속한 정당의 자금조달의 비밀들을 폭로한 카세트는 공적 영역에 나오기 전에 사회당 소속 장관의 손을 거쳤다. 비밀을 폭로하는 사람들은 공동체의 일들을 자기 정당이나 자기 자신의 일들과 뒤섞기 위해 비밀을 사용하는 사람들이기도 하다. 그들은 그렇게 국가적 비밀의 장점들과 그것을 고발하는 미디어의 투명성의 장점들을 교대로 주장한다. 자신들로부터 정보를 받는 기자들과 그것들을 읽는 독자들을 정치적 덕목의 파괴자라고 고발하고 자신들의 전체 동료들에게 "미디어의 집단폭력"과 민주주의의 남용에 맞서 연대할 것을 호소하는 것을 무릅쓰면서 말이다. 이렇게 고발을 고발하는 것의 장점들이 비밀의 장점들과 비밀 고발의 장점들에 첨가된다. 바로 그 모임 안에서 부패라는 사실 자체가 국가의 일들을 너무 가까이에서 바라봐서는 안 되고, 만약 그런다면 공화국을 위험에 빠뜨리게 된다는 것을 증명하는 데 사용된다. 이 비비 꼬인 논리 안에서 이해당사자들은 별로 힘들이지 않고 서로 재회한다. 철학자들의 경우에 그것은 다른 문제이다.

주

1 John Locke(1632–1704). 영국의 철학자.

2 Hannah Arendt(1906–1975). 독일의 정치이론가.

3 Jean-Jacques Rousseau(1712–1778). 제노바 출신의 프랑스 철학자. 그의 정치철학은 프랑스 대혁명에 영향을 끼쳤다.

4 Maximilien François Marie Isidore de Robespierre(1758–1794). 프랑스 대혁명의 주요 정치인.

여기 있는 것을 보라/ 다 된 것을 보라 : 영상들의 운명

2001년 1월

"근대는 상상하는 것을 경멸한다"고 말라르메[1]는 말했다. 근대는 영상들을 경멸하는 것이 물론 단단한 현실들을 매우 사랑하는 것은 아니었다. 반대로 그것은 예술의 형태들이나 행위들을 사람들이나 사물들에 대한 모방물의 모든 제작과 대립시키는 것이다. 그는 또 "자연이 생긴다. 거기에 첨가하지 않을 것이다"라고 말했다. 시나 그림은 특별한 행위의 흔적이 되어야 했다. 그것의 모델을 말라르메는 발레리나의 걸음으로 그려진 무언의 상형문자들 안에서 발견했다. 그렇게 이해됐기 때문에 말라르메의 말은 예술적 근대성에 대한 한 생각 전체를 아주 쉽게 요약할 수 있을 것이다. 절대주의(suprématisme), 미래주의, 구성주의의 시대에 이 생각은 삶의 새로운 형태들의 구성 계획과 기꺼이 결합했다. 거대한 희망들에 대한 환상이 깨지는 가운데 그 생각은 채색된 형태들의 논리를 유사함의 소비를 위한 영상들의 모든 생산에 대립시키는 비구상 회화의 순수성 안에서 자신의 상징을 발견했다.

예술적 근대성을 영상의 거부와 동일시하는 것에 의문이 제기된 것은 벌써 꽤 됐다. 그렇지만 그것이 풍경, 여자의 나체, 정물들이 미술관들과 전시회들의 벽을 다시 장식한다는 것을 의미하지는 않는다. 추상 시대의 "구성들"이 물러나는 경향이 있다면 그것은 다시 구상적이 된 회화를 위해서가 아니다. 그것은 오히려 세계의 영상들이 자기 자신과 충돌하는 것을 위해서이다. 최근 파리에서 열린 세 개의 전시회들은 그 원칙을 아주 잘 보여준다. 우선 파리 근대미술관은 「다 된 것을 보라. 머리 속의 세상(*Voilà. Le Monde dans la tête*)」이라는 제목의 전시회를 보여주었다. 조르주 퐁피두 센터는 「스펙터클 너머(*Au-delà du spectacle*)」라는 제목의 전시회로 바로 뒤를 따랐다. 다음으로 국립 사진 센터에서 「배경소음(*Bruit de fond*)」이란 전시회가 열렸다. 이처럼 거의 동시에 일어난 일이 의미가 있는 것은 그 전시회들이 제시한 새로움들 때문이 아니라, 반대로 세계 각지의 많은 다른 전시회들과의 유사성 때문이며, 그 전시회들이 오늘날 예술의 일상을 증언하는 공통의 방식 때문이다.

제목들이 이미 의미심장하다. "부알라(Voilà)"는 프랑스 말로 과거나 먼 것을 바라보는 지시어이다. 그리고 사실 전시회는 일종의 세기의 기억이 되고자 했다. 그 세기의 예술의 기억이 아니라 있는 그대로의 세기의 기억 말이다. 크리스티앙 볼탄스키[2]나 온 카와라[3]의 설치작품들, 1920년대의 아우구스트 산더[4]의 사진들이나 한스-페터 펠트만[5]의 최근 사진들, 요나스 메카스[6]나 샹탈 아커만[7]의 영화들 그리고 전시회 곳곳에 분산된 다른 설치작품들, 비디오들, 사진 진열장들이나 컴퓨터들 안에서 문제가 된 것은 영상들을 만들고 영상들과 사는 우리의 방식들이었다. 그리고 회화에 할애된 공간은 원칙을 위반하지 않았다. 전시작가인 베르트랑 라비에[8]는 실제로 거기에 '그의' 회화를 내놓지 않았다. 그는 모든 양식들의 일련의 그림들을 전시했다. 그것들의 유일한 통일성의 원칙은 서명이었다. 거기에 모인 모든 화가들은 같은 성을 갖고 있었다. 그것은 프랑스에서 가장 널리 퍼진 성인 마르텡(Martin)이었다. 그렇게 예술 전시회는 문서보관 작업과 동일한 것이 되고, 전시회 방문은 백과사전 들춰보기와 동일한 것이 된다. 그 안에서 글들과 영상들은 한 시대와 그 시대를 파악하고 그것의 기호들을 적는 방식에 대한 증언으로서 가치를 갖는다. 따라서 근대미술관은 그 자신이 과거의 "진기한 골동품점"과 우리 문명의 민속박물관 사이를 오가는 경향이 있다.

다른 두 개의 전시회들은 그 제목을 명시적으로 어떤 책에서 빌려온다. 「스펙터클 너머」는 기 드보르[9]의 책 『스펙터클의 사회』를 원용하고 「배경소음」은 돈 델릴로[10]의 동명 소설을 원용한다. 둘은 모두 이렇게 상황주의의 이론가와 블랙스미스라는 작은 마을 안에서 텔레비전이 만들어낸 이상한 사건들을 쓴 소설가가 묘사한 미디어와 광고세계에 대한 비판의 기수가 된다. 그것들은 형태들의 순수함을 영상들의 교역에 더 이상 대립시키지 않는 예술에 대해 증언한다. 영상들이 사물들의 남아도는 모방물들처럼 나타나는 한, 형태들을 영상들에 대립시키는 것은 가능하다. 그러나 스펙터클이란 개념이 내포하는 것은 영상들이 더 이상 사물들의 모방물이 아니라 사물들 자체이며, 영상과 사물이 더 이상 구별되지 않는 세계의 현실이라는 것이다. 영상이 더 이상 사물에 대립되지 않는 곳에서 형태도 영상에 대립될 수는 없을 것이다. 따라서 영상에 대립되는 것은 다른 영상이다. 그러나 다른 영상은 다른 내용의 영상이 아니다. 그것은 다르게 배치된 영상이며, 다른 지각적 장치 안에서 제공된 영상이다. 「스펙터클 너머」는 어떤 회화도 미디어의 영상들에 대립시키지 않는다. 그리고 「배경소음」이 사진을 제시한다면 그것은 사진가의 작품으로서가 아니라 예술가들이 장치들—그것의 기능은 영상들을 읽고 영상들과 함께 노는 것을 가르치는 것이다—안에 통합시키는 재료로서이다.

노는 것과 가르치는 것은 진보주의적 교육자들이 쉼 없이 결합시키고자 했던 두 개의 대립자들이다. 「다 된 것을 보라」의 설치작품들이 진기한 골동품점을 상기시킨다면 「스펙터클 너머」의 설치작품들은 재미있는 교육장치들과 비슷하다. 당구대, 거대한 인형 축구대 그리고 회전목마 옆에 실제로 모니터들, 작은 방, 인형의 집들이 밀집해 있다. 거기에서 방문자들은 다른 매체로 다시 만든 광고 도상들이나 원래 환경과는 분리돼 그대로 다시 만들어진 광고 도상들에 직면한다. 영상들의 비판적 사용은 이렇게 일정한 미니멀리즘을 향한다. 과거의 사진 몽타주들은 두 도상들의 모순적 관계를 이용했다. 1930년대에 존 하트필드[11]는 연설하는 히틀러의 엑스레이를 찍어서 나치라는 기계를 움직이는 금의 유통을 보여주었다. 40년 후에 마르타 로슬러[12]는 베트남 전쟁의 장면들을 미국 광고의 자기도취적 영상들 위에 붙였다. 오늘날은 광고의 자기도취적 영상들을 그대로 재전시하는 것만으로 비판적 가치가 부여된다. 상품과 권력의 영상들이 관객들의 존재를 조건짓는 집단적 소음들과 영상들에 거리를 두는 것을 관객들에게 가르쳐 주는 비판적 도구들이 되게 하기 위해서는 그것들을 다른 공간에서 소개하는 것으로 충분한 것처럼 말이다. 실제로는 각 작품에 대한 소개 표지판들이 차이를 보여주는 역할을 한다. 영상들의 이동장치의 비판적 덕목을 거의 주술적인 방식으로 재확인하면서 말이다.

문서-예술, 학교-예술. 영상들—이 영상들의 급진성은 이 영상들과 세계의 영상들 사이의 유사성으로 만들어진다—로 구성된 한 예술의 이 일반화된 두 모습들에 맞서 정기적으로 인간들과 사물들의 공존, 인간들 사이의 공존을 만들어내는 예술에 대한 향수가 돌아온다. 최근에도 브뤽셀 미술관에서는 비평가이자 이론가인 티에리 드 뒤브[13]의 후원 하에 "현대 예술 100년" 전시회가 열렸다. 이 제목은 논쟁적 의도가 있음을 보여준다. 파리의 전시회 「다 된 것을 보라」에 맞서 브뤽셀의 전시회는 실제로 「여기 있는 것을 보라(*Voici*)」라는 제목을 달았다. "부아씨(Voici)"는 프랑스 말로 현재의 현존을 지시하는 것이다. 따라서 전시회는 회화의 근대성에 대한 위대한 이론가인 클레멘트 그린버그[14]가 가치를 부여한 형태적 '평면성(flatness)'에 대립되는 '외면성(facingness)'의 예술, 현존의 예술, 시선의 예술처럼 고안된 근대 예술의 선언문처럼 주어진다.[15] 그렇지만 거기에서 초상화, 집단적 장면 또는 옛날 방식의 정물화를 발견할 수 없을 것이다. 앤디 워홀의 스타들의 초상화들, 제프 월[16]의 극사실주의 사진 구성물들, 마르셀 브로타에스[17]의 허구적 박물관의 신화적 "독수리들의 단면도"의 자료들, RDA 상품을 이용한 요셉 보이스의 설치작품, 레이몽 앵스[18]의 떨어진 포스터들, 피스톨레토[19]의 거울들, 크리스티앙 볼탄스키의 "가족앨범" 등, 「여기 있는 것을 보라」라는 깃발 아래 모집된 작품들은 「다 된 것을 보라」라는 깃발 아래에서도 어렵지 않게 등장할 수 있을 것이다. 그리고 미니멀리즘의 조각이나 '아르테 포베라(arte povera)'에게서 빌려온 수많은 작품들은 앞에서 말한 '외면성'의 광채들을 구현하기 위해 날씬한 몸을 갖고 있다.

요약하자면 「여기 있는 것을 보라」와 「다 된 것을 보라」 사이의 차이에 대한 명백한 기준들을 가진 시선이나 대상은 없다. 따라서 '레디메이드(ready-made)'를 상품진열대로 변형시키거나 매끈한 평행육면체를 교차하는 시선들의 거울로 변형시키는 담론의 부록이 필요하다. 따라서 미니멀리즘의 조각들이나 극사실주의 사진들은 근대 회화의 아버지라고 가정되는 마네[20]의 권위 아래 놓여야 된다. 그러나 이 근대 회화의 아버지는 그 자신이 인간이 된 말씀의 권위 아래 놓여야 한다. 마네의—그리고 그 뒤를 이은 모든 회화의—모더니즘은 거기에서 원초적 장면의 가치가 있는 청년기의 그림으로부터 규정된다. 1860년대 초 그의 "스페인" 시기에 마네는 리발타[21]를 모방해 「천사들이 부축한 죽은 그리스도」를 그린다. 그러나 원작과는 다르게 그의 그리스도는 눈을 뜨고 관객을 향해 있다. "신의 죽음"의 시대에 회화에 대체기능을 부여하는 데 있어서 더 필요한 것은 없다. 죽은 그리스도는 다시 눈을 뜬다. 그는 회화적 현존의 순수한 내재성 안에서 부활하고 단색 회화들을 '팝(pop)' 판화로, 미니멀리즘 조각들을 허구적 박물관들로 도상의 전통과 부활의 종교적 경제학 안에 미리 기입한다.

"영상은 부활의 시대에 올 것이다." 사도 바울의 말은 고다르의 「영화의 역사」를 이끄는 동력을 제공한다. 고다르는 거기에서 검은 화면을 베로니카의 천으로, 그리고 히치콕[22]의 장면들을 사물들의 순수한 현존의 도상들로 변형시키는 영상 이론을 전개한다. 과거 형식주의의 양쪽에 예술을 영상과 새롭게 동일시하는 두 개의 형태들이 배치된다. 하나는 세계의 평범한 영상들의 재전시의 예술이고, 다른 하나는 그것들에 현존의 순수한 도상들을 대립시키는 예술이다. 이 상극의 이론작업들을 잘 보여주는 작품들이 서로 다를 필요가 없다는 것은 역설이다. 아마도 그 역설을 가장 혹독한 것으로 여기는 것은 바로 현존의 이론가들일 것이다. 내재성에 대한 그들의 꿈은 그것의 고유한 모순—모든 예술작품을 작은 성체의 빵, 즉 인간이 된 말씀의 큰 몸에서 떨어진 조각들로 변형시키는 담론—에 의해서만 강제될 수 있을 것이다.

주

1 Stéphane Mallarmé(1842–1898). 프랑스의 상징주의 시인.
2 Christian Boltansky(1944–). 프랑스의 미술가.
3 On Kawara, 河原温(1932–). 일본 출신의 개념주의 미술가.
4 August Sander(1876–1964). 독일의 사진가.
5 Hans–Peter Feldmann(1941–). 독일의 개념주의 미술가.
6 Jonas Mekas(1922–). 리투아니아 출신의 영화제작자. 미국 아방가르드 영화의 아버지로 불린다.
7 Chantal Anne Akerman(1950–). 벨기에의 영화감독. 고전적 서사영화를 부정하는 극사실주의 영화를 제작.
8 Bertrand Lavier(1949–). 프랑스의 미술가.
9 Guy Ernest Debord(1931–1994). 프랑스의 정치이론가. 국제 상황주의 운동의 설립 멤버였다.
10 Don Delillo(1936–). 미국의 소설가.
11 John Heartfield(1891–1968). 독일의 사진 몽타주 작가. 본명은 헬무트 헤르츠펠트Helmut Herzfeld.
12 Martha Rosler(1943–). 미국의 사진, 비디오, 설치예술가.
13 Thierry de Duve(1944–). 벨기에의 현대 예술이론가.
14 Clement Greenberg(1909–1994). 미국의 예술비평가.
15 저자 주 : Thierry de Duve, *Voici, 100ans d'art contemporain*, Paris, Ludion/Flammarion, 2000.
16 Jeff Wall(1946–). 캐나다의 사진예술가.
17 Marcel Broodthaers(1924–1976). 벨기에의 시인, 영화제작자, 미술가.
18 Raymond Hains(1926–2005). 프랑스의 미술가, 사진가.
19 Michelangelo Pistoletto(1933–). 아탈리아의 미술가. 아르테 포베라arte pov-

era의 대표 작가.

20 Édouard Manet(1832–1883). 프랑스의 화가.

21 Francisco Ribalta(1565–1628). 스페인의 화가.

22 Alfred Joseph Hitchcock(1899–1980). 영국 출신의 영화감독.

사실에서 해석으로 : 홀로코스트에 대한 새로운 논쟁

2001년 4월

피터 노빅(Peter Novick)의 저서[『미국인 생활에서의 홀로코스트(*The Holocaust in American Life*)』]와 노만 핀켈슈타인(Norman Finkelstein)의 저서[『홀로코스트 산업(*The Holocaust Industry*)』]를 둘러싸고 소란스런 분위기가 감돌고 있다. 핀켈슈타인의 저서는 이미 미국과 영국 그리고 독일과 프랑스에서 격렬한 논쟁을 일으켰다. 아우슈비츠 생존자의 아들인 한 유태인이 거대한 유태인 조직들에 의한 민족학살의 정치적·이데올로기적·재정적 이용을 격렬히 고발했다. 이런 신랄함에 대해 저자가 유태인 말살을 부정한다고 비난하는 격렬한 거부반응이 나타났다. 이러한 비난에 대해 저자는 중상모략이라고 대답한다. 유태인 말살을 부정하는 사람은 홀로코스트의 존재를 부정하는 사람이다. 그런데 저자는 소문자로 된 홀로코스트의 존재를 역사적 사실로서 단호히 확언한다. 반대로 그는 대문자로 된 홀로코스트를, 다시 말해 다른 학살이나 민족말살의 역사적 형태들과는 비교할 수 없는 독특한 사건으로서 홀로코스트를 이데올로기적으로 만들어내는 것을 고발한다. 그런 홀로코스트는 유태인들에 대한 이민족들의 조상 대대로의 증오와 특별히 연결된 것으로 이스라엘 국가와 그의 정책에 대한, 즉 미국에 대한 무조건적 지지를 정당화한다. 미국은 이런 지지를 통해 북아메리카의 인디언들과 흑인들에 대한, 그리고 네이팜탄에 불탄 베트남 아이들이나 굶주린 이라크 아이들에 대한 모든 잘못을 씻어낸다.

이와 같은 대답이 반대자들을 전혀 만족시키지 못하는 것은 바로 유태인 학살 부정론의 문제가 사실과 사실들의 해석 사이의 단순한 구별이 어떤 점에서 문제가 되는지를 백일하에 폭로했기 때문이다. 역사적 사실은 재료가 되는 수많은 사실들을 서로 연결하는 해석에 의해 구성된다. 유태인 말살 부정론의 선구자들 중 한 명인 프랑스인 폴 라시니에[1]는 그 자신이 부헨발트 수용소에서 살아남은 사람인데, 1950년대에 유태인 말살 부정론을 처음으로 보여주었다. 그는 수용소 안에서의 정기적 선별과정들이나 가스실의 존재를 부정하지 않았다. 그는 단지 이 두 사실 사이의 연결에 의문을 제기했을 뿐이다. 그는 실제로 독가스를 이용한 학살이 있었다는 생각을 받아들일 준비가 돼 있기조차 했다. 그는 단지 그것들이 전체적으로 계획된 의지에서 나온 것이라는 사실에 의문을 제기했을 뿐이다.

그 때까지 모인 자료들은 이 궤변들을 반박했다. 그러나 유태인 학살 부정론이 여전히 지속되는 것은, 그리고 사람들이 오늘날 유럽의 유태인들에 대한 나치 말살행위의 현실을 인정하는 사람을 유태인 학살 부정론이라고 비난하는 것은 "사실들"과 "해석들" 사이의 경계선이 우선 보이는 것보다 더 휘어져 있기 때문이다. 그처럼 구성된 사실이 자기만족적이라고 선언하고 모든 추가적 연결을 외래적 해석이라고 간주하도록 하는 경계는 어디에 있는가? 유럽 유태인 학살의 예외성에 대한 논란이 끝이 없어 보이는 것은 두 개의 모순된 요구들이 충돌하기 때문이다. 홀로코스트가 이론의 여지가 없는 사실로 간주되려면 그것이 나치의 일정 안에 들어간 이유들에 대한 모든 해석적 토론에서 벗어나 있는 그대로의 사실로서 분리되어야 한다. 그러나 그것이 반유태인 홀로코스트의 현실로서 간주되기 위해서는 해석은 반대로 바로 유태인들의 말살이라는 근원적 의지가 죽음의 수용소에서 실행된 것이라는 것을 보장하는 최초의 원인으로, 필요충분한 이유로 거슬러올라가야 한다. 그런데 이 최초의 원인을 어디에 고정시킬 것인가? 국가 원수나 광신집단의 광기 하나만으로는 필연적 이유가 되지 않는다. 따라서 홀로코스트의 극단적 독특성에 대한 이론가들은 필연적 이유를 유태인들에 대한 이민족들의 오랜 증오와 동일시한다. 이렇게 홀로코스트의 현실은 결정된 해석으로부터 분리할 수 없는 것처럼 제시된다. 그러나 여기에서 주장이 뒤바뀐다. 왜 이 오래되고 보편적인 증오는 그 나라에서 그 순간에 그 특수한 형태—정신병자, 동성애자, 집시들과 같은 다른 "퇴화된" 부류들에도 동일한 일이 자행됐다는 것은 잘 알려져 있다—를 취했는가?

따라서 사실과 "의도"의 변증법은 무한히 중복되고 연쇄사슬을 한 지점에서 멈추고자 하는 사람의 의도를 의심하게 한다. 그래서 핀켈슈타인은 아득히 오래된 증오라는 주장 안에서 사실들이 편향된 해석에 종속된다고 고발한다. 홀로코스트를 뿌리뽑을 수 없는 말살의지와 연결시키는 것은 그가 보기에 모든 점에서 이스라엘 국가의 자기 보존 정책과 미국의 지지정책을 정당화하는 것이다. 그러나 그가 고발하는 시나리오에 그가 대립시키는 것은 있는 그대로의 사실들이 아니라 다른 해석의 도식이다. 그것은 사람들이 어떤 사실이나 고통에 대해 말을 많이 하는 숨겨진 이유에 대해 물어보고 그것은 다른 이유들을 숨기기 위해서라고 변함 없이 결론짓는 의심의 고전적 시나리오이다. 이렇게 "홀로코스트"는 그의 담론 안에서 이스라엘에게는 팔레스타인들에 대한 강탈을 계속하게 하고 미국에게는 미국 역사에 있었던 학살들과 불의들을 잊도록 하는 구실이 된다. 그러나 "의도"에 대한 의심은 즉시 그 자신을 배반한다. 홀로코스트의 죽음들을 학살의 원인들뿐만 아니라 말살된 미국 인디언들이나 폭격맞은 베트남인들과도 연결시키는 것은 사실들을 인간의 잔혹함의 긴 역사 안에서 와해시키는 것이다. 그 긴 역사 안에서 모든 것이 균형을 잡고 비슷해져서 팔레스타인들에 대한 이스라엘의 도덕적 입장을 약화시키게 된다.

그러나 문제는 이스라엘이나 팔레스타인 지지자들 사이의 확인할 수 없는 주장들의 교환으로 귀착되지 않는다. 유태인 학살 부정론에 대한 다툼의 내재화는 보다 깊은 두 가지 지적인 현상들을 가리킨다. 우선 현실에 대한 우리 생각의 이중 분열이 있다. 실재의 증명은 오늘날 이중—원인과 결과의 연결고리 안에 현상들을 집어넣는 것을 통해, 그리고 반대로 이유 없는 그것들의 있는 그대로의 특성을 통해—으로 이뤄진다. 이 이중성이 홀로코스트에 대한 이론적 갈등의 한복판에 있는 이유는 말살과정과 흔적들의 계획된 소멸이 사실들의 현실을 강제하기 위해 논증적 재구성의 긴 우회를 강제했기 때문이다. 그러나 그것은 또한 필요충분한 이유를 부여하는 것의 불가능함이 정치적·사회적 현상들의 합리성을 문제 삼기 때문이기도 하다.

"홀로코스트 산업"에 대한 현재의 공격들을 미국의 맑스주의자 유태인이 한다는 것은 시사하는 바가 있다. 그는 미국에서 유태인 이민자들이 갖고 있던 진보주의적 전통에 충실하며 자신을 일종의 마지막 모히칸 족이라고 소개한다. 그러나 그가 내세우는 것은 단지 정치적 전통이 아니다. 그가 옹호하는 것은 해석의 전통 이상이다. 그것은 정치적이고 이데올로기적인 현상들을 그것들의 사회적 원인들에 연결시키고 지역적 사실들—그것의 독특함이나 크기가 어떻든—을 원인들과 이해관계들의 지구적 얽힘과 연결시키는 전통이다. 홀로코스트에 대한 다툼은 경제·사회적 유형의 전체주의적 설명들의 타당성에 의문을 제기한다. 전체주의적 설명들과 축소할 수 없는 비합리성—있는 그대로의 사실의 비합리성이거나 그것의 원인이 되는 원시적 증오의 비합리성—이 대립한다. 또한 자기 동족들에 대한 미국의 맑스주의자 유태인의 분노 뒤에는 현재의 독특한 이데올로기적 구성이 있다. 그 구성 안에서 세계적 지배의 새로운 급진적 형태들은 그것을 평가한다고 주장하는 전체적 설명 형태들에 대한 뚜렷한 금지를 동반한다.

이제 나치의 민족말살을 사후에 역사적 단절로 변형시킨 독특한 시간성을 이해하는 것이 가능해진다. 노빅과 핀켈슈타인은 홀로코스트가 1945년 후의 서구 의식 안에 거의 존재하지 않았다는 것을 지적한다. 그들은 1967년 이스라엘-아랍 전쟁과 이스라엘의 승리로 생각들이 급변했다고 본다. 그러나 홀로코스트를 세계사를 둘로 나누는 사건으로 보는 시각이 강제된 것은 바로 1990년대였다. 분명히 이 회고적인 단절은 세계사의 다른 단절의 장례식을 보여줬다. 그 단절은 혁명이라 불렸던 것이고, 그것의 마지막 아바타들은 소련 제국의 몰락과 그 폐허에서 재생된 민주주의가 태어나는 것을 보는 실망한 기대 안에서 무너졌다. 바로 이 맥락 안에서 홀로코스트의 축소 불가능성은 역사적 사실들의 전체적 합리성으로서의, 그리고 해방의 약속에 의해 제시된 시간성으로서의 역사에 대한 맑스주의적 생각의 상징적 거부가 됐다. 유태인들에 대한 이민족들의 "태곳적부터의" 증오에의 호소와 아우슈비츠 이후 예전처럼 생각하고 사는 것이 불가능함은 핀켈슈타인이 고발한 편향된 주장 이상이다. 그것들은 미래의 약속과 태곳적 과거의 저당을 대립시키면서 시간의 방향에 대한 상징적인 전복을 행한다. 유태인 민족말살의 예외성을 지지하는 사람들과 원인들의 역사적이고 세계적인 커다란 얽힘 안에 그것을 통합시키고자 하는 사람들 사이의 논쟁이 그렇게 격렬한 이유는 과거의 전투적인 확실함들과 역사적 기대의 두 아바타들을 대면시키기 때문이다. 한쪽에서는 위대한 약속을 태곳적 과거의 무게로 뒤집었고, 다른 쪽에서는 그것이 단순한 논쟁적 분노일지라도 그것의 효력을 유지하려 한다. 홀로코스트에 대한 논쟁은 혁명적 생각에 대한 장례식이기도 하다. 그렇기 때문에 사실들에 대한 단순한 앎이 의도들 사이의 싸움을 해결할 수는 없다.

주

1 Paul Rassinier(1906-1967). 프랑스의 평화주의 정치활동가.

하나의 고문에서 다른 고문으로

2001년 6월

오늘날 사람들은 무엇에 대해 분노하고 참을 수 없는 것에 대해서는 어떤 모습을 부여하는가? 몇 주 전에 프랑스는 아주 오래되지는 않은 억압된 것의 귀환에 의해 뒤흔들렸었다. 알제리 전쟁 동안 프랑스 특수부대를 지휘한 오사르(Aussares) 장군이 정보부 특수요원들에 의해 혐의자들에게 체계적으로 자행된 고문들을 세세히 폭로했다. 폭로했다는 것은 과한 말이다. 40년도 더 전에 작가들과 교육자들이 특수부대의 소행을 고발하기 위해 펜을 들었었다. 그들의 책들은 금지되거나 고소됐고, 알제리 전쟁을 치렀던 사회당 정권과 드골 정권은 이 폭로들을 알제리 반란의 이익을 위해 군대와 국가의 사기를 떨어뜨리기 위해 만들어진 날조라고 취급했었다. 이 끔찍한 고문자들에 대해 분노를 표하는 자크 시락 대통령이나 사회당 장관들의 아연실색한 발언들에 대해 웃긴다고 생각할 수 있다. 그들은 시락이나 장관들의 선임자들이었던 국가 원수나 정부에 의해 수행된 정책의 실행자였을 뿐이기 때문이다. 알제리에서의 고문을 고발한 모든 사람들은 문제가 변태적인 한 군인의 행동에 관계된 것이 아니라 한 국가의 정책, 모든 것을 정당화하는 국익의 정책과 모든 것을 덮는 국가 비밀정책에 관계된 것이라고 말하는 것을 잊지 않았다.

널리 알려진 비밀에 대한 이 "폭로"는 따라서 어제의 통치자들의 아들인 오늘날의 통치자들을 불편한 입장에 처하게 했다. 다행히 공적인 분노의 능력은 곧 완전히 다른 추문의 대상, 우리 시대의 추문의 대상에 고착됐다. 프랑스의 한 민영방송사가 이미 여러 나라들에 도입된 네덜란드의 「빅 브라더(*Big Brother*)」를 모델로 한 「로프트 스토리(*Loft Story*)」라는 방송을 시작했다. 11명의 젊은이들이 카메라의 시선 하에 갇혀 지냈고, 카메라는 그들의 감금생활의 에피소드들—일상적 대화, 화장, 에로틱한 놀이들—을 연속적으로 중계했다. 이 (비)활동 전체는 동시에 게임을 목적으로 한 것이었다. 이 작업실에 모인 사람들은 한 커플이 남을 때까지 내적인 선별과 시청자들의 투표를 통해 점차 탈락됐다. 며칠 만에 시청률은 기록을 갱신했다. 또한 며칠 만에 언론과 지식계의 여론은 이 새로운 "사회현상"에 관심을 기울였다. 지배적인 분위기는 분노였다. 분노는 때때로 사건의 경제적·문화적인 면들에만 제한됐다. 생활의 영상을 있는 그대로 제공하기 위해 최저 봉급을 받는 이 사람들은 노동착취의 새로운 형태이자 동시에 광고수입을 얻는 데 필요한 문화산업의 비용을 최소로 가져오는 수단이었다. 한 좌파 주간지는 "돈이 문화를 쓸어버렸다"고 선언했다. 그러나 대부분의 경우 사람들은 노동법의 위반보다는 더한 것을, 전체주의 체계의 완성을 고발했다. 모두의 시선 앞에 자신들의 사생활을 펼쳐놓는 카메라의 시선 아래 밤낮으로 갇힌 이 모르모트들은, 다른 사람들을 탈락시키는 것 외에는 다른 목표가 없는 개인들로 구성된 이 위장된 공동체는 개인들에 대한 총체적 통제라는 거대한 꿈의 완성이 아니었는가? 《르몽드》의 지면에서 한 철학자는 그것의 교훈을 끄집어냈다. "수용소의 포르노그래피"에 화답하면서 「로프트 스토리」는 "그것을 실현할 능력이 없는 전체주의가 꿈꾸었던 사회의 끔찍하지만 길들여진 이상형"을 보여주었다.[1] 사람들은 마지막 재앙의 예언자들에게 「로프트 스토리」의 11명의 경쟁자들과 스탈린이나 나치 수용소의 수백만 명의 수용자들 사이에는 몇 가지 가벼운 차이들이 있다고 말했지만 헛된 일이었다. 후자의 사람들은 자신들이 있는 곳에 있기를 선택하지 않았고, 그들을 거기에 가둔 사람들은 그들의 생활을 스펙터클로 보여주려 한 것이 아니라 반대로 어둠에 묻히게 하려고 했다. 마지막으로 그곳에서의 대량학살, 느린 제거 또는 심리적 파괴는 행복한 승리자들에게 약속된 집을 대신했다. 고발자들은 그런 작은 것으로 흔들리지 않았다. 그들은 바로 그것이 완벽화된 전체주의라고 응수했다. "부드러운 전체주의"는 어떤 고문에도 착수하지 않으며 어떤 육체도 파괴하지 않는다. 그것은 "단지 의식에 대해서만, 단지 영상으로만" 실행된다.

이 논증의 논리는 다음과 같다. 원인이 더 명백해지는 만큼 그 결과는 더 보이지 않는다. 역설적으로 그것은 항상 전체주의 권력들의 편집광적 논리였다. 바로 그렇게 해서 비킨스키(Vichinsky) 검사는 조국 소련의 가장 사악한 방해자들을 식별해냈다. 즉 자신들이 방해자들이라는 것을 숨기기 위해 그들은 어떤 방해행위도 하지 않았다. 동일한 방식으로 전체주의가 완벽한 것이라는 명성을 얻는 만큼 전체주의는 더욱 내재적이고 더욱 비물질적이 됐다. 동시에 고문, 국익, 국가 비밀의 역사들은 흔적도 없이 사라질 수 있다. 오늘날 사람들은 전체주의는 일반화된 투명성의 내재화된 법이라고 가르친다. 지구촌 광고의 시대에 우리는 모두 수용소에 갇혀 있고, 체계의 가장 완성된 논리의 희생자들이다. 그 논리는 옛날 방식의 고문자들과 말살수용소의 소장들이 수공업적 방식으로만 접근할 수 있었던 것이다.

미셸 푸코는 예전에 "통제의 사회"에 대한 그의 주장들로부터 사람들이 너무 단순한 결론들을 도출하지 않을까 걱정했다. 그는 세계의 모든 정치적 박해들이 모든 소들이 회색이 되는 "감금"의 밤 안에서 해소되지 않을까 걱정했다. 그는 다음과 같이 말하는 너무나 편안한 방식을 한탄했다. "우리는 모두 우리의 강제노동 수용소를 갖고 있다. 그것은 우리 문 앞에, 우리 마을에, 우리 병원들 안에, 우리 감옥들 안에 있다. 그것은 여기 우리 머리 안에 있다."[2] 이 걱정은 확실히 근거가 있었다. 그 때부터 푸코의 "생정치(biopolitique)"를 언급하면서 국익의 아주 다양한 잔혹함들을 사방에 있는, 그리고 우선적으로 특히 텔레비전 화면과 시청자들의 머리 안에 있는 "부드러운" 전체주의라는 개념 하에 포섭하는 담론들이 쉼 없이 발달했다. 따라서 영상들의 교역을 고발하는 것은 제1차적 의무가 되고 가장 저렴한 "영웅주의"가 된다.

분명히 이 방송들의 판매업자들은 민족말살들과 고문들을 잊게 하기 위해 그들의 생산물을 내보내지는 않았다. 그리고 고발하는 철학자들도 그것들을 잊게 만들겠다고 생각하지 않는다. 그러나 논쟁의 폭발을 통해 이상한 합의가 영상 상인들과 영상의 고발자들, 그리고 통치자들 사이에 자리 잡는다. 국익의 억압된 것들의 귀환 때문에 항상 거북해하는 통치자들은 이 "전체주의적" 방송들을 너그럽게 받아들였다. 평범한 개인들의 소비를 위해 제공된 평범한 삶의 텔레비전 스펙터클은 "시민들"의 일상적 관심사들을 위한 일상적 사실주의라는 그들의 현재 좌우명에 정말 잘 어울린다. 오늘날 우리 통치자들의 주요 단어들인 "청취"와 "근접성"은 거기에서 그것들의 정확한 예시를 발견한다. 따라서 국가의 옛날 표상들을, 그리고 국가의 "이성(Raison)"과 비밀들에 대한 정치적 고발을 우리 사회에 대한 이중 묘사가 대체하게 된다. 한편에서 우리 사회는 조용하고 일상적인 일들의 소재지, 작은 문제들과 작은 기쁨들의 소재지처럼 소개된다. 그것은 자신의 평화적 덕목들을 커다란 전체주의적 재앙들에 대한 책임 있는 민주적이고 사회적인 소란들과 대립시킨다. 그것은 이렇게 거대한 유토피아들의 제거자인 평범한 관리국가와 조화를 이룰 것이다. 그러나 다른 한편에서 이 "일상"의, "청취"의 그리고 "근접성"의 사회는 전체주의의 최고 형태처럼 소개된다. 그것의 소재지는 다름 아니라 시청자에 의해 구현된 평범한 민주적 개인의 나르시시즘이다. 한편에서 현명한 현실주의 관리국가는 끓어오르는 인민의 유토피아적 열정들에서 탄생한 "전체주의"와 대립한다. 다른 한편에서 상징적 질서와 보편주의 가치들의 보증인인 고귀한 공화국가는 민주적 개인들의 나르시시즘에 내재한 "전체주의"를 포함할 것을 명받는다. 이 두 부분에서 국익은 그것의 실제 범죄들의 무게를 은밀히 덜어내고 상상적 전체주의의 범죄들에 맞서 새롭게 정당화된다.

주

1 저자 주 : Jean-Jacques Delfour, " 'Loft Story', une machine totalitaire", *Le Monde*, 19 mai 2001.

2 저자 주 : "Pouvoirs et stratégies", entretien avec Michel Foucault, *Les Révoltes logiques*, n° 4, hiver 1977, p. 90.

영화인, 인민 그리고 통치자들

2001년 8월

베니스 영화제의 화제 영화들 중에서 에릭 로메르[1]의 역사 영화 「영국 여인과 공작」은 프랑스 대혁명 시대 영국 귀족의 회고록에서 영감을 받은 것이다. 칸느 영화제의 프랑스 책임자들이 '정치적 합당함'의 이유들 때문에 멀리 했던 한 영화에 대해 이탈리아의 영화제가 경의를 표한다는 소문이 떠돌았다. 추문과 억압의 분위기는 결코 영화에 나쁜 영향을 끼치지 않지만 성찰을 하도록 만든다. 오늘날 귀족의 관점에서 혁명 일반에 대해, 그리고 프랑스 혁명이란 특수한 혁명에 대해 영화를 만드는 것이 어떤 점에서 문제가 되는가? 수십 년 동안 프랑스의 어린 아이들은 공화국적이고 혁명적인 가치들을 훼손하지 않은 채 『의적 핌퍼넬(*The Elusive Pimpernel*)』의 이야기들을 읽었다. 그것은 영웅적인 영국의 귀족이 사납고 거친 민중들의 발톱으로부터 착한 귀족들을 구해내는 이야기이다. 그리고 1980년대 이후로 반혁명적 전통으로부터 많은 영향을 받은 프랑수아 퓌레[2]의 주장들이 프랑스에서 혁명 사료편찬과 지식계의 여론을 지배한다. 따라서 오늘날 어떤 '정치적 합당함' 때문에 혁명가를 피에 굶주린 자로 묘사할 수 없도록 하는지 알 수가 없다. 그리고 로메르를 마침내 자신의 혁명적 유령들에 맞서는 프랑스의 예술적 기수로 만드는 사람들이 단순히 사물들에 대한 지배적 시선을 소수의 관점처럼, 끔찍한 "지식인들의 음모"에 의한 박해의 희생자처럼 제시하는 고전적 수법을 사용하는 것이 아닌가 의심받는다.

그러나 이 영화 안에 어떤 정치가 있다면 그것은 아마도 이 깃발뺏기 싸움이 아닌 다른 곳에서 작동할 것이다. 로메르는 결코 좌파로 간주된 적이 없다. 그리고 그는 전투적 영화를 만들고자 했다는 것을 부인한다. 사실 혁명의 혼란기에 그레이스 엘리어트의 모험 이야기는 혁명의 원인과 결과들에 대해 전혀 어떤 판단을 내리지 않는다. 견해로서 그것은 단지 역사적이고 정치적인 허구물의 두 개의 공통 지역들을 제시할 뿐이다. 첫 번째 것은 감정적이고 도덕적인 충성을 정치의 교활한 계산에 대립시킨다. 그래서 자신의 왕족적 이익에 이용하기 위해 사촌의 죽음에 찬성표를 던지는 것까지 포함해 모든 타협을 할 준비가 돼 있는 왕의 사촌 오를레앙 공작이 표상하는 계산적 이익의 남성적 악덕에 맞서 영국 여인은 박해받은 왕가에 대한 충성의 여성적이고 본능적인 덕목을 구현한다. 두 번째 것은 교양 있는 사람들의 좋은 행실과 짐승 같은 천민의 영원한 저급함을 대립시킨다. 어떤 사람들은 예전에 독일 장교들의 예절바름과 원시적인 SS 장교의 새디즘을 대립시켰다. 마찬가지로 천민들에게 법의 의미와 품위 있는 세계의 시민성을 상기시키는 장교들이나 위원들이, 심지어 인민의 대표인 로베스피에르가 술에 취해 있는 음탕한 무리들의 손에서 그레이스 엘리어트를 끊임없이 구해낸다. 따라서 영화 안에 정치적 "메시지"가 있다면 그것은 혁명의 정당성이나 부당성에 관계된 것이 아니다. 그것은 정치는 더러운 것이고, 이 더러운 것은 길거리

천민들의 손에서 멀리 떨어져 깨끗한 옷과 시민적 행실을 가진 사람들만 만질 수 있도록 해야 한다는 상당히 널리 퍼져 있는 두 가지 생각과 연결된다.

물론 로메르는 이데올로그가 아니다. 그는 영화인이다. 그러나 바로 여기에서 일이 재미있게 된다. 깨끗한 것과 더러운 것의 관계, 품위 있는 사람들과 길거리 군중들의 관계는 그의 영화에서 상징적 가치를 가진 기술적이고 미적인 용어들로 제기되고 해결된 영상의 활동 문제가 된다. 영화에는 실제로 대혁명이 전복시키게 되는 귀족적인 "삶의 부드러움"을 보여주는 18세기 말 파리를 재현하는 수채화로부터 그려진 그림으로 된 배경이 나타난다. 모든 외부 장면들과 특히 아무 배경이 없는 스튜디오 안에서 촬영된 군중의 장면들은 나중에 이 그려진 배경 안에 삽입된다. 이 과정은 시대적 배경을 재구성하는 데 드는 비용에 대한 경제적 대안만은 아니다. 그것은 또한 인민을 연출하고 그들을 자기 자리에 다시 돌려놓는 방식이기도 하다. 사륜마차가 지나가는 장면을 위해 만들어진 이 배경에 어울리는 종류의 인민은 바로 전통적으로 건물의 크기를 보여주고 배경의 움직임을 제공하는 두세 명의 특이한 인물들이다. 그런데 그림은 이 친절한 인물들 대신에 명백히 그곳에 자기 자리가 없는 밀집한 군중이 밀려오게 내버려두면서 어떻게 보자면 열리게 된다. 그렇게 연출의 시각적 장치는 "나쁜" 정치의 우화를 제시한다. 일반적으로 공공 건물들과 사적인 거주지들 사이의 왕래를 위해 만들어진 길들이 익명의 군중이 자신을 정치적 인민이라고 함부로 선언하는 극장이 된다.

그러나 이 장치는 그것이 드러내는 지나친 모습을 스스로 교정한다. 왕궁과 귀족의 저택들을 침범하는 교수대에 오를 만한 얼굴을 가진 하층민들로 된 군중들을 영화인은 스튜디오에 모아놓고 그들의 디지털화된 영상들이 배경 안에 잘못 들어가는 것을 막기 위해 설치된 줄들 사이에 배치한다. 그렇게 그려진 영상, 스튜디오 그리고 디지털 카메라는 정치적 문제를, 또는 그보다는 정치의 문제 자체—'명백히' 그 일들과 관련이 없는 길거리의 사람들이 공적인 일들에 신경을 쓴다는 사실—를 미적으로 해결하기 위해 자신들의 권력을 모은다.

분명히 스스로를 '정치인'이라고 이름붙인 사람들에게 있어서 문제는 그렇게 쉽지 않다. 그리고 아마도 베니스의 심사위원들은 로메르의 촬영되고 디지털화된 군중들 앞에서 2개월 전에 제노바에서 모였던 G8의 국가 원수들에 대한 동정적인 생각을 가질 것이다. "책임 있는" 대화상대자들—그들이 독재자들이든 푸틴과 같은 전직 KGB 요원이든—과만 일을 처리하면서 세계를 통치하고자 하는 이 국가 원수들에게는 자신들도 세계의 한 부분이고 세계의 일에 신경을 쓸 사명이 있다고 고집스럽게 생각하는 이 시위 군중들을 스튜디오 안에 모으고 디지털로 와해시키는 수단이 아직 없다. 옛날 봉기자들의 짐승 같은 얼굴들과 동격인 복면을 쓴 시위자들을 보여주는 것도 이 인민을 자기 자리에 돌려놓는 데 충분하지 않다. 따라서 바로 경찰에게 역사적인 도시들을 벙커로 변형시키고 시위자들을 공격하면서, 로메르의 영화에서 파리의 자치구 구민들이 아름다운 영국 여인의 집을 침입하는 것보다 훨씬 덜 시민적인 방식으로 시위자들의 본부를 습격하면서 길거리를 청소하는 "미적인" 임무를 맡겨야 한다. 알려진 농담에 따르면 시골에 도시를 건설할 수 없기 때문에 이 세계의 힘센 자들은 성가신 군중들의 모든 소음으로부터 멀리 떨어져 자신들의 고유한 꿈을 실현하기 위해 캐나다의 산에서 다음 모임을 갖기로 결정했다. 통치자들의 현재 꿈은 인민 없는 세계를 책임지는 사람들끼리의 경영이다.

따라서 로메르의 영화가 불편함을 유발하는 이유는 그것이 시대정신과 충돌하기 때문이 아니라, 반대로 시대정신에 너무 부합하기 때문이다. 이데올로기적 · 시각적으로 '회고적인' 겉모습 하에서 그것은 너무 직접적인 방식으로 "능력 있는" 사람들 및 거리의 모든 혼란으로부터 벗어난 세계 정부의 현대적 꿈을 보여준다. 또 한번 로메르는 혁명의 마지막 매장을 위한 기수역할을 하는 것에 별로 개의치 않는다. 그의 정치는 우선적으로 미적인 것이다. 그의 "반혁명"은 영화의 영역 안에 한정된다. 그는 극좌파 역할을 한 적이 없다. 그는 1950년대에 몇 가지 원칙들—스튜디오와의 작별, 세상의 동시대 거주자들을 발견하기 위해 길을 떠나는 그들의 물질적 · 감정적 여정과 그리고 때에 따라 정치적인 여정들의 모든 길을 따라갈 수 있는 길거리의 카메라—을 가진 "누벨바그"의 길을 연 로셀리니[3] 혁명의 초기 챔피언들 중 한 명이었다. 누벨바그 영화인들의 이동 카메라에 뒤이어 바로 1960년대 학생들이 그들 시대의 사회적 세계를 발견하기 위해 길을 떠났고, 파리와 몇몇 다른 대도시들의 길거리들을 점령했다. 고다르의 최근 영화인 「사랑의 찬사(*Éloge de l'amour*)」에서 카메라가 파리의 길거리를 돌아다니고 극좌파 전단 배포자들의 방식으로 야간에 기차를 청소하는 노동자들을 방문하러 가거나 르노 공장의 옛날 "노동자 요새"인 오늘날 텅 빈 건물 앞에 명상에 빠진 채 설치될 때 이 영화가 상기시키는 것은 바로 정치를 실천하는 방식과 영화의 미학 사이의 관계이다. 로메르는 사회적으로 보호된 소우주들 안에서의 감정의 부침들에 전념하기 위해, 하지만 로셀리니의 사실주의를 부인하지는 않은 채 길거리의 우연들로부터 아주 일찍 등을 돌렸다. 「영국 여인과 공작」에서 장면의 역사적 확장에 일치하는 명백한 인위적 행위는 오늘날 상징적으로 영화의 시대를 닫는 미적 선언문의 가치를 갖는다. 다른 어떤 이데올로기적 메시지보다 더 바로 그 안에서 인위적 행위는 거리로 돌아가고자 했고 모두에게 정치를 돌려주고자 했던 시대를 마침내 마감하려는 의지와 일치한다.

주

1 Éric Romer(1920–2010). 프랑스의 영화감독, 비평가, 작가.
2 François Furet(1927–1997). 프랑스의 역사학자.
3 Roberto Rossellini(1906–1977). 이탈리아의 영화감독. 네오 리얼리즘 영화의 대표적 감독 중 하나.

시간, 말, 전쟁

2001년 11월

"우리는 선과 악 사이에서 신은 중립적이지 않다는 것을 안다." 바로 이런 말로 조지 부시[1]는 미국이 시작한 반테러 전쟁에 대한 그의 믿음을 알렸다. 이 주장은 물론 몇 가지 문제들을 일으켰다. 그 중 첫 번째는 다음과 같이 간단히 표현될 수 있을 것이다. 신은 이 일에 있어서 이상하게도 중립적인 것처럼 보인다. 모세/무사의 신, 아브라함/이브라힘의 신, 바로 이 동일한 신이 지하드의 전사들은 악의 미제국에 맞서 선의 대의가 승리하도록 할 것이라는 반대의 신념을 지지한다. 그리고 미국의 대통령이 발표한 십자군 전쟁에 대한 반대자들도 종종 바로 이 언어로 자신들의 의견을 표명한다. "신", "사랑", "평화", "증오는 그만", 사람들은 사랑의 신의 배려와 복수의 신의 분노를 대립시키기 위해 유니온 광장이나 워싱턴 광장에 모인 사람들이 쓴 글들로 뒤덮인 피켓들 곳곳에서 이런 말들을 읽었다. "우리로 하여금 우리가 한탄하는 악이 되지 않게 하소서." 한 나라의 희생자들과 그들의 복수를 위해 하나가 된 국민의 거대한 합의에 대해 거리를 둘 수 있기 위해서는 바로 단지 이 종교적이고 도덕적인 말들만이 허용되는 것처럼 말이다. 그러나 그것은 단지 희생자들에 대한 존중과 연대의 문제만은 아니다. 마치 30년 전에 교환됐던 말들—자유세계, 제국주의, 억압, 저항 등—이 더 이상 유효하지 않은 것처럼, 어떤 다른 언어나 어떤 다른 생각의 틀도 상황을 표현하고 평가하는 데 제공되지 않는 것처럼 모든 것이 보다 급진적으로 진행된다.

이 새천년의 초기에 "선진세계"의 중심에서 이와 같은 일이 일어난다는 것은 물론 성찰을 요구한다. 아마도 예언가들이 우리에게 정치와 역사의 종말을 알린 지 오래됐을 것이다. 그러나 바로 이 종말은 그들이 우리에게 알린 것과 그다지 비슷하지 않다. 프란시스 후쿠야마[2]가 선언하고 곧 소련제국의 몰락으로 확인된 "역사의 종말"은 사회주의적 대안에 의해 대립된 블록 안에서 양분된 세계의 종말이었다. 1980년대의 또 다른 큰 주제였던 유토피아의 종말은 정의의 이상형들과 욕구의 경험적 관리 사이의 간격의 종말 자체였다. 민주주의는 정의의 요구들과 경제적 필요성의 요구들을 일치시키는 합리적 통치와 궁극적 통치로서 강제됐다. 유토피아가 나눠놓은 곳에서 구속력 있는 실재의 분할된 자료들로의 회귀는 비교적 장기적으로 국가들의 한복판에서의, 그리고 국가들 사이의 일치를 약속하는 것처럼 보였다. 아마도 공식적 정치학자들의 합의의 음악을 찢는 부조화된 목소리들이 들렸을 것이다. 그것들은 모든 현실이 영상 안에서 사라지고 모든 영상이 숫자 안에서 사라지는 미디어적이고 가상적인 세계의 도래와 너무 단순한 사실주의를 대립시켰다. 어떤 사람들은 국가적이고 경제적인 요새들을 파괴하고 일반화된 혼종으로 네트워크의 거대한 지구적 민주주의를 설립할 커뮤니케이션의 지배를 찬양했다. 다른 사람들은 통제사회의 무한한 확장, 실재의 붕괴,

총체적 화면의 부드러운 전체주의 또는 대중민주주의 안에서의 나르시스적 개인의 치명적 승리를 고발했다. 그러나 이 외면적인 불화들은 동일한 본질적 믿음에 기반을 뒀다. 순진한 자들과 교활한 자들, 낙관주의자들과 비관주의자들은 근본적으로 동일한 생각을 공유했다. 그것은 사람들이 죽은 공산주의에 대해 많이 비난했던 것으로 역사의 일방향성에 대한 생각이다. 그 생각에 따르면 기술, 경제 그리고 정치가 같은 보폭으로 나아가고, 인간들과 상품들의 세계적 순환은 배타주의들을 제거하도록 돼 있으며, 신기술들의 발전은 옛 이데올로기들의 파멸을 의미한다.

동유럽의 민족분쟁들, 이슬람 세계 안에서의 근본주의의 득세, 서구 여러 나라들에서의 인종주의적이고 외국인혐오적인 극우의 급증은 시대들의 일치에 대한 이런 믿음을 뒤흔들기에는 겉보기에 충분치 않았다. 오늘날 쌍둥이 빌딩의 붕괴는 그것을 이룰 것인가? 이제는 우리가 네트워크의 순수한 가상세계 안에서 살게 된다고 봤던 사람들에게, 그날 겪었던 끔찍함은 재앙 영화들이 백 번이나 예견했던 것이라고 말한 사람들에게 9월 11일은 우선 우리가 여전히 철, 유리, 돌로 된 건물들 안에서 살고 일한다는 것을 상기시켰다. 그 건물들의 강함이나 약함은 화면이나 특수효과들과는 전혀 관계가 없으며, 그 건물들이 무너질 때는 정말로 무너진다. 현 세계의 현실과 기술 커뮤니케이션 제국이 추억의 왕국 안에 처박혀 있기로 돼 있다는 "이데올로기"가 실제 파괴를 위한 최고의 무기였다는 것을 9월 11일은 분명히 보여줬다. "왜 그들은 우리를 싫어할까?"라는 가식적인 순진한 질문 뒤에 보다 진지한 정신적 동요가 드러난다. 왜 그들은 우리처럼 합리적이지 않은가? 왜 시설들이 증가하면 사람들이 더 잘 살게 되고 사람들이 더 잘 살게 되면 더 평화롭게 된다는 이 간단한 이치에 따라 세상일이 움직이지 않는 것인가? 사람들은 그런 테러들이 아직 시설들과 양질의 삶을 누리지 못하는 사람들의 일이라고 믿고 싶어한다. 그러나 어떤 사람이 동시에 국제적 금융조직의 수장이자 신의 전사이며 자살하는 광신도이자 치밀한 조직자이며 행동가일 수 있다는 것을 어떻게 이해할 것인가? 어떻게 더 이상 잃을 것이 아무것도 없는 불행한 사람이 아니라, 교육을 받았고 좋은 엔지니어 경력을 쌓을 수 있는 정상적인 사람이 죽을 것이 확실한 길을 갈 수 있는가?

도덕과 종교에 유리하게 전개되는 정치의 현 파국은 따라서 20년 전부터 거의 곳곳에서 굴러다니는 역사의 종말 시나리오에 속하지 않는다. 또한 이 파국은 유토피아의 폐허 위에 조금씩 만들어지는 합리적 경영의 지구적 지배에 동일시되지 않는다. 반대로 그것은 이 "합리적인" 시나리오에 대해서 뿐만 아니라 그것을 지지하는 역사적 · 단선적 진화라는 생각에 대해서 거부를 표시한다. 정치는 끝나지 않았다. 그것은 보다 단순히 부재한다. 그것은 권위적인 국가들이나 집단들에 의해 원칙상 배제된다. 그들은 신의 말씀이나 다른 동일한 원리가 공동체들의 삶의 진정한 기반이기 때문에 자신들은 정치를 사용하지 않는다고 단도직입적으로 선언한다. 정치는 민주주의 형태를 공동의 경제적 이익들에 대한 단 하나라고 가정된 경영으로 되돌리려는 경향을 점점 더 가지는 자유주의 국가들에 의해 내부적으로 도려내진다. 그 어느 때보다도 오늘날 정치는 국가공동체들의 조직에 일치시킬 수 있는 항구적 자료가 아닌 것처럼 보인다. 정치는 그보다는 갈등들을 이끌고 그것을 공동생활의 중심으로 삼는 특수한 방식이다. 이 방식은 항상 작동하는 것은 아니다. 그러나 좋든 나쁘든 모든 국가는 모호하지 않은, 갈등적이지 않은 공동체의 원리—신념이나 기원의 동일성, 또한 법, 공동의 이해관계 또는 상황의 제약—라는 이름으로 폭력이나 부드러움을 통해 정치를 축소하려는 경향을 갖는다.

정치가 사라지려는 경향을 보일 때 또한 나타나는 것은 정치가 우선 사건들에게 이름이나 틀을 주는 방식이고, 동일한 현재에서도 시간성들의 차이를 이해하는 방식이며, 동일자와 타자를 공동 공간 안에 위치시키는 방식이다. 어떤 사람들은 성서 안에서, 또는 피나 땅의 법 안에서 이 모든 필요들을 공급하는 것을 발견하기 때문에 정치가 필요 없다. 다른 사람들은 정치적 지각이 그들이 생각하는 것보다 더 많이 형성됐기 때문에 무력해진다. 바로 이것이 오늘날 미국과 연합국들 안에서 발견되는 것이다. 도덕과 종교의 확실한 좌표들에 의지하는 것은 갈등에 이름을 부여하고 공동 공간 안에 적을 위치시키는 것이 불가능하다는 것을 보여준다. 또한 시간에 생명을 불어넣는 조상 대대로의 신념들과 그 신념들을 행동으로 표출시키기 위해 시간이 조작하는 신기술들에게서 공통으로 발견되는 시간을 생각하는 것이 불가능하다는 것을 보여준다. 그것은 자신들의 전쟁을 어떻게 명명할지 알지 못하는 미국 지도자들과 이 전쟁에 대한 자신들의 반대를 어떻게 주장할지 알지 못하는 반대자들에게서 공통으로 발견되는 무능력이다. 어떤 사람들은 그것은 말의 문제일 뿐이고, 말의 문제가 힘의 행사를 막지는 못한다고 말할 수 있을 것이다. 그러나 행동에 대한 말의 이와 같은 단순한 대립은 그 자체로 문제가 된다. 미국의 힘은 어려움들을 경험한다. 그 어려움들은 단지 아프가니스

탄의 지형에 미국의 군사장비들이 적합하지 않아서 생기는 것이 아니라 그 힘의 속성 자체에서 비롯된다. 미국의 헤게모니는 우선 미국이 공동의 이익과 제약적인 현실들에 대한 합의적인 논리의 이름으로 연합국들에게 행사하는 헤게모니이다. 연합국들을 복종시키는 동일한 논리는 연합국들이 자신들의 고유한 권력을 보장하는 수단으로서의 논리이다. 이 논리는 게임의 법칙을 인정하는 자에게는 응답이 없다. 그것은 그것을 통틀어 거부하는 사람 앞에서는 헛돈다. 무엇이든 할 준비가 된 적에 맞서 죽기로 싸우는 것을 내부의 민주적 삶과 일치시키는 것에 대한 전통적으로 알려진 어려움과는 아주 다른 무능력함이 초강대국의 바로 한복판에서 생겨난다. 서구 국가들 안에서의 반대를 잠재우고 그 통치자들에게 재량권을 주는 동일한 이유들 때문에 그들은 그들의 적과 그들의 전쟁을 명명하는 것뿐만 아니라 전쟁의 끝을 보는 것도 어려울 수 있을 것이다.

주

1 George Walker Bush(1946-). 1995-2000 미국의 대통령.
2 Yoshihiro Francis Fukuyama(1952-). 미국의 철학자, 정치경제학자.

목욕탕 안의 철학

2002년 1월

『삶의 방식으로서의 철학』, 『아침의 작은 철학』, 『일상 철학의 101가지 경험』, 『철학의 반대사용설명서』, 『철학의 위로』 등등.[1] 이 축제의 시기에 파리 서점들의 진열대 위에 놓인 책들을 바라보던 철학자는 자신의 우상이 현 출판계의 스타인 빈 라덴[2]과의 경쟁에서 우세를 점하고 있다는 것에서 즐거운 만족감을 얻었다. 철학은 분명히 유행 중이다. 철학 카페가 성공을 거둔 것은 몇 년 전이다. 그곳에서는 사회자의 도움을 얻어 아무나 일요일 아침에 인간 존재에 대한 중요한 질문들에 대해 토론하기 위해 올 수 있었다. 그리고 철학에 자문을 구하기, 기업의 문제들을 해결하는 것을 돕는 철학, 철학의 시간을 경험하도록 초대하는 크고 작은 여러 도시들이 성공적으로 개최한 철학의 날이나 철학의 주간 행사들이 있다.

두 번째 시기에 물론 철학은 질문을 제기한다. 이 성공을 거두는 철학은 도대체 무엇인가? 그리고 그 방면에 전문가라면 이 철학적 범람의 지배적인 분위기를 알아채지 못할 수 없다. 철학 카페에서 철학 베스트셀러까지 동일한 확언이 반복된다. 그것은 각자가 자신의 구체적 삶의 문제들을 대면할 수 있는 통로가 되는 살아 있는 철학과 교수로서 가르치고 자기가 나중에 교수가 되기 위해 공부하는 대학 철학을 대립시킨다. 위에서 언급한 작가들 중의 일부는 대학집단에 속한다. 그들도 다른 사람들처럼 강단에서 삶의 영역으로 내려온 철학을 요구한다.

철학이 도달한 이 "삶"이 도대체 무엇인지를 아는 일이 남는다. 침울한 사람들은 각자에게 이렇게 철학을 반환하는 것이 각자를 그의 본질적 문제들 안에 가두는 방식이기도 하다는 것을 반드시 알아챈다. 칸트나 피히테[3] 같은 "대학" 철학자들은 프랑스 대혁명에 대해 꿈을 꾸는 학생들의 시선 하에서, 그리고 그들의 강의를 언제든지 폐쇄할 수 있는 군주제의 공무원들의 시선 하에서 강력한 신학대학에 맞섰다. 우리들 각자의 안에서 잠자고 있는 철학은 국가의 정당성의 기반이 되는 문제들 외의 다른 문제들—각자가 정의나 자유의 일들에 대한 걱정을 전문가들에게 맡기자마자 자신의 일상에서 만나게 되는 "진짜" 문제들—에 전념해 줄 것을 요청받는다. 알랭 드 보통[4]의 『철학의 위로』를 읽는 독자는 우선 소크라테스의 사례로부터 자신의 "인기 부족"으로 인해 더 이상 고통받지 않는 법을 배우게 될 것이다. 그 후에 그에게는 에피쿠로스[5]의 철학에서 돈에 대한 걱정에 저항하는 수단을, 몽테뉴[6]의 철학에서 자신의 성적인 문제들을 견딜 수 있는 수단을, 쇼펜하우어의 철학에서 자신의 애정문제들을 대면할 수 있는 무기를 발견하는 것이 허용될 것이다. 철학은 이렇게 그것의 기능—철학에 헌신하는 사람들의 삶을 바꾸는 것—으로 되돌려질 것이다. 따라서 살아 있는 철학과 그것의 대학 역사를 대립시켜서 결국은 위대한 철학자들의 요약문들이나 발췌문들만을 제안하는 것이 갖는 모순은 별로 중요하지 않다. 왜냐하면 특권을 누리는 철학자들—소크라테스, 에피쿠로스, 세네카, 몽테뉴, 쇼펜하우어—은 바꿔야 할 삶의 경험과 동일한 비직업적 철학에 대한 시범을 직접 보이기 때문이다.

문제는 어떤 삶이 변할 수 있으며 어디까지 이 변화가 일어나는가를 아는 것일 뿐이다. 플라톤을 무척 애독했고 쇼펜하우어를 열정적으로 읽었던 니체는 그것에 대한 자신의 생각이 있었다. 그에게 있어서 사람들이 소크라테스 학교에서 배운 것은 인기로부터 보호된 삶의 쾌락들이 아니라 세계의 눈들 앞에서 빛나는 새로운 종류의 전투 스포츠였다. 이 스포츠는 물론 특권을 누리는 애호가들—자신의 삶을 예술작품으로 변형시키는 것 외엔 다른 할 일이 아무것도 없었던 부유한 젊은이들—을 겨냥했다. 그리고 그들을 매혹시키는 대표적인 예술작품은, 철학이 그들의 삶에 부여한 새로운 목표는 죽어가는 소크라테스였다. 철학을 살아 있는 것으로 만들면서 삶을 철학적으로 만들기 위해 자신의 삶을 변형시킨다는 것은 가장 빨리, 가장 멀리 달아나는 것을 배우는 것이었다.

철학에게 존재의 작은 걱정들을 치료하는 삶의 기술이 돼줄 것을 요구하는 것은, 진지하게 생각한다면, 그 걱정들에게서 진지함을 제거하고 그것들과 연결된 삶의 명령들에게서 그것의 믿음을 제거한다는 목표를 향해 갈 것을 철학에게 항상 명령하는 것이 아니겠는가? 우리는 실연의 아픔을 완화시키기 위해 쇼펜하우어를 읽을 수 있다. 그러나 쇼펜하우어는 다른 것을 주문한다. 그는 그 고통들이 느껴지는 세상의 시각에서 벗어나라고 하며, 더 이상 원하지 말고 관객이 되는 것을 배우라고 한다. 분명히 그것은 어느 정도 극적인 방식으로 말해질 수 있다. 그래서 로제르 폴 드루아[7]가 제안한 『일상 철학의 101가지 경험』 안에는 "아무것도 하지 않고 기다릴 것", "개미들의 움직임을 따라갈 것", "눈을 감고 샤워할 것", "대낮에 영화관에서 나갈 것", "어디인지 모른 채 잠에서 깰 것", "목적지 없이 지하철을 탈 것" 등 사랑스러운 것만이 있다. 그러나 우리는 이 모든 감각적 방향 상실이 어디로 이끄는지를 안다. 세계의 낯설음에 대한 철학적 경험은 "진짜 삶"은 "다른 것들 중 한 기능일" 뿐이고 "어쨌든 멈추게 될 것"이라는 확신을 갖고 있다.

삶을 바꾸는 이러한 방식은 진정으로 우리들 각자가 "비관증"을 쫓아버리고 사이버 시장의, 유로화의, 그리고 지구적 커뮤니케이션 대기업들의 엄청난 융합의 새로운 삶에 열광적으로 기여할 것을 요청받는 시점에서 요구되는 것인가? 소크라테스와 쇼펜하우어는 그들의 요구를 완화시킬 것을, 그리고 이 세계에서 떠나는 것을 배우는 방식을 "일상에서 그 세계를 사는" 방식으로 변형시킬 것을 요구받는다. 그것을 위해서는 연습의 의미를 약간 바꾸는 것만이 문제가 된다. 기자이자 철학자인 그는 젖은 피부의 순수한 감각일 뿐인 그 물줄기가 어디에서 오는지 알지 못한 채 "눈을 감고 샤워할 것"을 권유했다. 『아침의 작은 철학』의 저자인 철학자이자 기자인 사람은 이 몸 세척에서 그것의 의심스러운 쇼펜하우어식 정교화를 제거한다. "아침의 상쾌한 몸짓들 중에서 온몸에 찬물을 뿌리면서 세안을 마치는 것은 가장 자극을 주는 것들 중 하나이다"라고 카트린느 랑베르[8]는 그녀의 "매일 행복해지기 위한 365개의 생각" 중 127번째에서 우리에게 단언한다.

이 철학은 분명히 덜 위험하다. 그것은 의사, 심리학자, 위생학자, 영양학자 등이 우리에게 자아를 보살피고 일상의 삶과 조화롭게 살도록 가르치기 위해 수백 개의 전문 잡지들과 방송들에서 하는 수많은 조언들 안에 문제 없이 자리 잡는다. 그러나 다음과 같은 질문이 다시 제기된다. 철학이 우리에게 일상에서의 자기에 대한 배려라는 미디어의 후렴구만을 되풀이해 말한다면 철학은 정말로 필요가 있는 것인가? 여기에 바로 문제의 본질이 있다. "삶 안의 철학"의 지지자들은 플라톤의 전차를 타고 이데아로 빛나는 하늘을 달리는 열광적 태도와 삶의 가장 작은 것들 안에서의 생각과 몸의 편안함이라는 미온적 태도를 동시에 갖고자 한다. 여론을 등진 소크라테스와 좋은 정수기를 말이다.

철학적 상상 안에는 항상 하늘을 바라보는 자와 땅을 바라보는 자가 있다. 하늘과 땅을 동시에 갖기 위해서는 아마도 다른 픽션들을 향해 몸을 돌려야 할 것이다. 서점의 책상들이 제공하는 철학적 위로 옆에서 다른 위로자가 DVD를 통해 그녀의 놀라운 활동의 새로운 단계를 시작했다. 이 위로자인 작은 아멜리 풀랭은 프랑스 영화산업의 첨병으로 사람들이 달아나는 하늘과 사람들이 뿌리내린 땅의 문제 있는 결합을 정확히 해결한다. 「아멜리 풀랭의 놀라운 운명」[9]은 두 개의 상반된 명제—첫 번째, 실재의 단조로움에서 이상 안으로 도망쳐야 한다. 두 번째, 이상의 하늘에서 실재 안으로 돌아가야 한다—의 모범적인 화해를 제공한다. 한편에서 아멜리는 자신의 결정으로 그녀를 둘러싼 모든 사람들의 삶을 바꾸는 작은 요정이다. 그녀는 비탄에 빠진 마음들을 진정시키고 외로운 영혼들을 결합시키며 악당들을 벌주고 착한 사람들에게 상을 주며 칩거하는 사람들을 움직이게 만든다. 그러나 이 모든 것은 다른 사람들의 삶 안에 자신의 꿈의 하늘을 투사하는 사람이 자기 자신은 돌보지 않고 자신의 꿈을 평범한 실재가 제공하는 기회와, 그 실재가 겉보기에는 별로 약삭빠르지 않은 청년의 모습으로 더 이상 다시 제공하지 않을 기회와 교환하는 것을 배우지 않는다면 환상일 뿐일 것이다.

허구는 실재보다 더 아름답다. 실재는 모든 허구보다 더 아름답다. 아멜리는 실내화를 바꾸거나 치약 자리에 무좀약을 놓음으로써 나쁜 인종차별적 식료품 상인이 친숙한 세계의 방향상실에 대한 쇼펜하우어적인 경험을 하도록 하면서 모든 관객이 이 부인할 수 없는 철학의 쾌감에 참가하도록 한다. 철학의 모호한 경험들에 그녀는 하늘과 땅의 행복한 결합을 대립시킨다. 우울한 사람들은 아마도 이 하늘과 땅의 결합은 광고와 상품의 결합과 아주 흡사하다고, 그리고 이 일상생활의 미소짓는 철학은 다른 시대에 맑스가 분석했던 감각/초감각 상품의 신학을 약간은 너무 상기시킨다고 말할 것이다.

주

1 저자 주 : Pierre Hadot, *La philosophie comme manière de vivre*, entretiens avec Jeannie Carlier et Arnold I. Davison, Paris, Albin Michel, 2001 ; Catherine Rambert, *Petite Philosophie du matin*, Paris, Le Grand Livre du mois, 2002 ; Roger-Pol Droit, 101 *Expériences de philosophie quotidienne*, Paris, Odile Jacob, 2002 ; Michel Onfray, *Antimanuel de philosophie*, Paris, Bréal, 2001 ; Alain de Botton, *Les Consolations de la philosophie*, Paris, Mercure de France, 2001.

2 Osama bin Mohammed bin Awad bin Laden(1957-). 알카에다 조직의 지도자.

3 Johann Gottlieb Fichte(1762-1814). 독일의 철학자.

4 Alain de Botton(1969-). 스위스의 작가, 텔레비전 진행자.

5 Epicurus(BC 341-BC 270). 그리스의 철학자.

6 Michel Eyquem de Montaigne(1533-1592). 프랑스의 사상가.

7 Roger-Pol Droit(1949-). 프랑스의 철학자.

8 Catherine Rambert. 프랑스의 기자, 철학자.

9 Le Fabuleux Destin d'Amélie Poulain. 이 영화의 한국 제목은 「아멜리에」이다.

무한의 포로들

2002년 3월

"무한한 정의." 이것은 테러리즘이란 이름이 지칭하는 흐릿한 윤곽을 가진 적에 대한 미국의 공격에 부여된 원래 이름이었다. 이름은 알다시피 곧 수정됐다. 그것은 아직 뉘앙스를 주는 기술이 부족한 대통령의 지나친 언어적 표현이었다는 소리가 들렸다. 그리고 그가 '생사를 불문한' 빈 라덴을 요구한 것은 아마도 젊었을 때 서부영화를 너무 많이 봤기 때문일 것이라는 말이 있었다.

이 설명은 전혀 설득력이 없다. 왜냐하면 '생사불문' 의 원칙은 전혀 서부영화의 원칙이 아니기 때문이다. 반대로 서부영화에서는 '연방 보안관' 이 목숨을 걸고 살인자들을 폭행자들로부터 구해내 사법부에 넘기는 것이 일반적이다. 모든 서부영화의 도덕들과는 반대로 무한한 정의는 한계 없는 정의를 의미한다. 그것은 정의의 집행을 전통적으로 구획짓는 모든 카테고리들—법의 징벌과 개인들의 복수 사이의 구별, 사법과 정치·윤리·종교의 분리, 범죄를 추적하는 경찰의 모습과 군대들끼리 싸우는 군사적 모습의 분리—을 무시하는 정의이다. 이런 관점에서 언어의 지나친 표현은 전혀 없었다. "뉘앙스"는 실제로 적절하지 않을 것이다. 왜냐하면 바로 그 특성들이 미국이 착수한 '보복' 작전을 특징짓기 때문이다. 그 작전은 전쟁과 경찰을 구분하는 차이들의 제거를, 그리고 전쟁과 경찰의 활동을 명시하고 제한하는 데 사용됐던 모든 사법적 형태들의 제거를 내포한다. 사람들은 용의자가 죽었는지 살았는지 모른다고 말하는 경우를 제외하고는 더 이상 '생사'에 대해 말하지 않는다. 그러나 어떤 권리로 미군이 전쟁포로의 지위도, 범죄사건의 피의자에 대한 일상적 권리보장도 누리지 못하는 포로들을 억류하고 판결하려 하는지 아는 사람은 아무도 없다. "무한한 정의"라는 용어는 문제가 되는 것—과거에 복수하는 신의 것이었던 절대권력과 동일한 권리에 대한 확언—을 정확히 이야기한다. 모든 전통적 구분들은 국제법의 형태들이 제거되면서 사실상 사라진다.

물론 이 제거는 이미 테러활동의 원칙이다. 테러분자도 정치의 형태들과 법의 규범들에 대해 똑같이 무관심하다. 그러나 "무한한 정의"는 적과 동일한 영역에 위치하도록 강제된, 적의 도발에 대한 응답만은 아니다. 그것은 또한 정치의 제거가 오늘날 법과 국가들의 내부에, 그리고 국가들 사이에 부여하는 이상한 지위를 표현한다.

법의 현 상태에 대한 성찰은 우리에게 실제로 일이 독특하게 역전돼 있음을 폭로한다. 일반적으로 소련제국의 붕괴와 서구 강대국들 안에서의 사회운동의 약화는 1990년대에 법치국가의 규칙들을 위해 실제 민주주의와 사회민주주의의 유토피아들이 제거된 결과라는 높은 평가를 받았다. 민족분쟁들과 종교적 근본주의들의 폭발은 즉시 이 단순한 역사철학을 반박했다. 그러나 또한 법치국가의 승리와 서구의 승리를 동일시하는 것은 그 자체가 문제가 있다는 것이 밝혀졌다. 서구 강대국들의 한복판에서, 그리고 그들의 외부 개입 양식들 안에서 법과 사실의 관계는 법의 경계들을 점점 더 제거하는 경향으로 진전됐다. 그 국가들 안에서 우리는 두 가지 현상들이 강화되는 것을 목도했다. 한편에서 법은 다양한 집단들에게 할당된 법들의 용어로 해석됐다. 다른 한편에서는 새로운 생활양식들과 새로운 노동, 기술, 가족, 사회관계 형태들과 조화를 이루는 법조문을 사방에 배치하고자 하는 입법활동들이 이뤄졌다. 그래서 법의 추상적 문구들과 그것의 해석에 대한 논쟁 사이의 간격 안에서 구성된 정치공간이 그만큼 줄어들었다. 이처럼 자리를 잡은 법은 점점 더 공동체의 생활방식들에 대한 기록이 되고자 했다. 법의 힘과 한계, 그리고 양면성의 정치적 상징화를 윤리적 상징화—사회의 상태와 법의 규범 사이의 합의적 상호 표현관계—가 대체했다.

공동체 삶 안에서의 법과 사실의 이 즉각적 일치는 바로 미국의 응답이 확언하는 것이다. 그러나 그것은 또한 특수한 삶의 양식과 보편적 가치체계 사이의 윤리적 동일성이라는 미국 헌법의 지배적 표상이 상징하는 것이기도 하다. 조지 부시의 정책을 지지하는 미국 지식인들의 최근 선언문은 이 점을 강조한다. 미국은 우선 공동의 도덕적·종교적인 가치들을 통해 하나가 된 공동체이다. 법 정치적이기보다는 윤리적 공동체이다. 따라서 공동체를 세우는 선은 법과 사실의 동일성이다. 그리고 수천 명의 미국인의 생명에 대해 저질러진 범죄는 선의 제국 그 자체에 대해 저질러진 범죄라고 즉시 간주될 수 있다.

그러나 법을 희생하면서 윤리가 부상하는 것은 이미 얼마 전부터 강대국들의 외부 개입 형태들을 특징짓는 것이기도 하다. 사실과 법 사이의 경계들을 흐리는 것은 여기에서 합의적 조화의 모습과는 반대이자 보완적인 다른 모습을 취했다. 그것은 인도적인 것의 모습, 그리고 "인도적 개입"의 모습이다. "인도적 개입권"은 민족청소의 시도로부터 옛 유고슬라비아의 일부 사람들을 보호하는 것을 가능하게 했다. 그러나 그것을 위해서 국가의 경계선들과 동시에 상징적 경계선들을 무너트려야만 했다. 그것은 비개입의 원칙이라는 국제법의 구성원칙—이것의 덕목들은 분명히 모호한 것이었다—을 완전히 포기한 것만이 아니다. 그것은 특히 법과 사실—법에 그 지위를 부여하는—사이의 간극이라는 생각 자체를 파괴하는 무제한의 원칙을 도입했다.

베트남 전쟁 시기나 미국의 힘이 직접적·간접적으로 세계의 다양한 지역들에서 유발한 쿠데타 시기에는 서구 강대국들에 의해 확언된 큰 원칙들과 이 원칙들을 강대국들의 필수적 이익들에 종속시키는 실천들 사이에 어느 정도 명시적 대립이 존재했다. 1960-1970년대의 반제국주의 운동은 이 근본적 원칙들과 실제 실천들 사이의 간격을 고발했었다. 오늘날 수단과 목적에 대한 논란은 사라진 것처럼 보인다. 이 소멸의 원칙은 무한한 복구를 강제하는 무한한 악의 희생자이자 절대적 희생자의 표상이다. 희생자의 이 "절대적" 권리는 "인도적" 전쟁의 맥락 안에서 발달했다. 그것은 지난 25년 동안 만들어진 무한한 범죄의 이론화라는 커다란 지적 운동에 의해 촉진됐다.

사람들은 아마도 소련의 범죄들이나 나치의 민족말살에 대한 두 번째 고발이라고 불릴 수 있는 것의 특수성에 충분한 관심을 기울이지 못한 것 같다. 첫 번째 고발은 사실들의 현실을 수립하고자 했었고, 동시에 항상 자리에 있거나 여전히 위협적인 전체주의에 맞서 투쟁하겠다는 서구 민주주의의 결심을 강화하고자 했었다. 1970년대에 공산주의에 대한 결산으로서 전개됐거나 1980년대에 유럽 유태인들의 말살과정에 대한 회고를 통해 전개된 두 번째 고발은 완전히 다른 의미를 가졌다. 그 고발 안에서 그 범죄들은 싸워야 할 체제의 끔찍한 효과들이 됐을 뿐만 아니라, 생각할 수도 없고 복구할 수도 없는 무한한 범죄의 발현형태들, 즉 모든 사법적 · 정치적인 조치를 뛰어넘는 악의 힘이 만든 작품이 됐다. 윤리는 역사 안에 치유할 수 없는 단절을 만드는 이 무한한 악에 대한 생각이 됐다.

사법과 정치에 대한 윤리의 이러한 지나침은 마지막 결과로 절대적으로 권리를 부정당한 사람의 절대 권리를 역설적으로 구성한다. 그는 실제로 무한한 악의 희생자처럼 나타난다. 무한한 악에 맞선 전투 자체도 무한하다. 따라서 이 절대 권리를 상속받는 것은 바로 희생자 권리의 보호자이다. 희생자에게 행해진 복구 불가능한 잘못의 무제한성은 그의 보호자가 가진 권리의 무제한화를 정당화한다. 미국인의 생명에 대해 행해진 절대 범죄의 미국식 복구는 그 과정을 완성시킨다. 절대 악의 희생자들에 대한 구호의 의무는 이 악에 맞선 제한 없는 전투와 동일한 것이 됐다. 그리고 이 전투는 악이 은신할 수 있는 세계의 모든 지역들에 질서를 회복하는 임무를 맡은 경찰력처럼 기능하는 과도한 군사력의 전개와 동일시된다. 그러나 이 군사력은 무한한 악의 모든 가정된 공모자들에 맞서 범죄를 추적하는 복수의 신화적 능력을 행사하는 사법력이기도 하다.

무제한의 권리는 격언에 따르면 비권리와 동일하다. 희생자들과 죄인들은 미군의 포로 지위와 그들에게 적대적으로 채택된 사실들의 평가에 영향을 미치는 전체적인 사법적 불명확함이 오늘날 보여주는 이 "무한한 정의"의 영역 안에 똑같이 빠진다. 헤겔은 예전에 모든 암소들이 회색이 되는 절대의 밤을 조롱했었다. 오늘날 정치와 사법이 빠져 허우적대는 윤리적 불명료함은 관타나모의 포로들을 단지 회색을 오렌지색으로 교환했을 뿐인 같은 장르의 무한의 포로들로 변형시킨다.

법·정치적 상징화를 소위 민주적이라는 공동체들의 삶의 윤리·정치적 상징화가, 그리고 그 공동체들의 다른 세계—이것은 민족적이고 근본주의적 권력들의 지배에만 동일시된다—와의 관계의 윤리·정치적 상징화가 천천히 대체했다. 한편에는 선의 세계가 있다. 그것은 권리와 사실의, 존재양식과 가치의 행복한 조화 안에서 정치적 분쟁을 제거하는 합의의 세계이다. 다른 한편에는 악의 세계가 있다. 그 세계에서는 반대로 잘못이 무한하게 되고 죽음의 전쟁만이 문제가 될 수 있다.

5월에서 다른 5월로

2002년 6월

4월 말과 5월 초 사이에 파리와 프랑스 다른 도시의 거리들은 시위행렬로, 특히 1968년 5월 이후로 본 적이 없었던 청년들 무리로 가득 찼다. 그렇지만 두 봄 사이에는 차이가 있다. 1968년에 시위자들은 정치적 · 사회적 권력의 현실에 큰소리로 맞섰었다. 그들은 그 현실을 정당들의 선거 게임에서 보여주었다. "선거, 머저리를 잡는 덫", 이것이 드골 장군이 조직한 선거에 대한 그들의 무관심을 표현하는 표어였다. "기권, 머저리를 잡는 덫", 이것이 반대로 2002년에 그 때 이후로 더 이상 거리로 나오지 않았던 노인들과 처음으로 거리로 나온 청년들이 내걸고 행진했던 표어였다. 거리의 운동이 우선은 30년간의 죄를 속죄하는 임무를 부여받은 것처럼 말이다.

그것이 아마도 프랑스 대통령 선거를 둘러싼 사건들의 가장 깊은 의미였을 것이다. 사람들이 무슨 말을 했든 가장 중요한 면은 극우가 획득한 성적이 아니었다. 그 성적은 아마도 지난 15년 동안 극우가 획득했던 평균 성적보다 약간 높았을 것이다. 그러나 전혀 해일과 같은 것은 아니었다. 그리고 그것이 나타냈던 힘은 권력을 취할 준비가 된 파시스트 정당의 힘이라기보다는 막연한 여론의 움직임의 힘이었다. 이 약간의 상승이 충격적인 사건으로 변형된 것은 모든 다른 세력들을 소외시키면서 정부의 두 큰 정당들에게 권력투쟁의 독점권을 보장하기 위해 만들어진 다수결 체계의 메커니즘이 한번 반대로 작동했기 때문이다. 사회당은 극우의 선거 영향력과 극우가 우파의 표를 잠식한 것으로부터 많은 이익을 봤었다. 이번에는 그 메커니즘이 사회당에 불리하게 작용했다.

그러나 사회당 후보가 극우 때문에 결선투표에 나갈 수 없었다면 그것은 분명히 다른 이유 때문이다. 즉 그가 의지하는 좌파 표가 부족했기 때문이다. 여기에서도 다수결 메커니즘이 반대로 작동하기 시작했다. 공식적 좌파는 다른 좌파의 표 덕분에 지난 20년 동안 권력을 얻고 유지하고 되찾을 수 있었다. 그 표는 1968년의 상속자임을 선언하고 1995년의 사회운동 안에서 투쟁했으며, 그 이후로 인종차별주의 법에 반대해, 불법 노동자들의 합법화를 위해, 또는 자본주의적 세계화에 맞서 모여온 사람들의 것이다. 공식적 좌파는 선거절차보다는 투쟁의 정치적 운동들의 발전에 더 관심이 있는 이 투쟁적 좌파의 표로 인해 일반적으로 이익을 봤다. 공식적 좌파는 이 표들이 어떤 식으로든 자기들에게 보장된 것이라고 평가했기 때문에 그 표들을 얻기 위한 노력을 전혀 하지 않았다. 공식적 좌파는 특히 외국 출신 노동자들과 그들의 자녀들의 통합 문제들에 대한 정치적 해결책을 제공하는 일을 전혀 하지 않았다. 20년 동안 공식적 좌파는 외국인의 지방선거 참여라는 별로 대단하지도 않은 선거공약을 실현하는 일을 계속 미뤄왔다. 그들은 프랑스인들이 그 조치를 받아들일 만큼 성숙하지 않다고 말했다. 마치 보통의 유권자가 진정으로 너무나 덜떨어진 사람이어서 한 지역에서 살고 일하는 사람들이 그 지역의 삶에 대한 토론들과 결정들에 참가하는 것이 정상이라는 완전히 놀라운 생각을 받아들일 수 없는 것처럼 말이다. 이 "아직 성숙하지 않은" 프랑스인들은 사회당 통치자들이 자신들의 책임의식을 보여주면서 끌어들이려고 한 맞은편 정당의 유권자들이었을 뿐이다. 그것이 실제로 다수결 체계의 논리이다. 권력을 가진 정당들은 어떤 식으로든 자신들에게 투표할 것이라고 생각하는 유권자들에 대한 약속들에 응답하는 일에 신경 쓰지 않는다. 그들은 승리를 보장할 작은 추가 표들을 모으러 반대 정당의 유권자들에게로 간다.

대통령 선거의 진정한 사건은 바로 이 논리가 고장났다는 것이다. 1968년 이후로 처음 투쟁적 좌파는 공식적 좌파에 투표하는 것을 대거 거부했다. 물론 그들은 이 단절의 결과에 대해 최초로 충격을 받은 사람들이고, 공식적 좌파의 파산 때문에 결선투표에 나가게 된 외국인혐오적이고 인종차별적인 극우의 생각들과 가치들에 대한 절대적 거부를 표명하기 위해 고등학생들과 함께 최초로 거리로 나선 사람들이었다. 그런데 일이 이상하게 뒤집히기 시작했다. 공식적 좌파와 그들의 언론 그리고 그들의 지식인들은 실제로 시위자들에게 다음과 같은 간단한 말을 던졌다. 당신이 최초의 책임자가 되는 상황 때문이 아니라면 왜 당신은 오늘 거리에 있는가? 당신이 책임 있는 유권자로서 사회당 후보에게 투표했다면 이런 일은 일어나지 않았다. 그러나 당신은 기권하거나 이의제기용 군소 후보자들에게 표를 분산시켰다.

이 이의제기란 개념에 대해 살펴볼 필요가 있다. 권위 있는 모든 분석가들은 우리에게 이 선거에는 두 종류의 후보자들이 있었다고 오랜 동안 설명했다. 통치의 후보자들과 이의제기의 후보자들이 그들이다. 그런데 무엇이 통치의 후보자들과 이의제기의 후보자들을 구분하게 만드는가? 그것은 아주 단순히 하나는 이미 통치하는 습관을 갖고 있고 다른 하나는 아니라는 사실이다. 권력은 권력으로, 다시 말해 교대로 권력을 나누는 두 개의 큰 합의적 정당들에게로 돌아와야 한다는 것으로 논증은 정리된다. 이 아름다운 논리는 "이의제기자들"의 사실에 의해 방해를 받는다. 이의제기자란 무엇인가? 이의제기자들이란 권력을 얻고 지키는 기술로 축소된 정치에 만족하지 않는 사람들일 뿐이라고 생각할 수 있을 것이다. 그리고 극우의 성공도 극우가 국가적이고 국제적인 큰 문제들에 대한 집단적 결정들에 호소한다는 것에서 비롯된다고 생각할 수 있을 것이다.

이 설명은 "통치의 후보자들"이나 그 후보자들이 별로 성공을 거두지 못한 것을 설명하는 일을 하는 기자들, 정치학자들, 사회학자들 그리고 다른 지식인들을 전혀 솔깃하게 만들지 못한다. 그들에게 있어서 "이의제기하는 것"은, 다시 말해 합의적 정당들 안에서 자신과 비슷한 점을 발견하지 않는 것은 병이다. 그리고 통치의 성숙한 과학을 대표하는 사람들에게 있어서는 늙음과 젊음이라는 두 개의 큰 병이 있다. 그들은 그렇게 이의제기자들을 나눈다. 한편에는 "근대성의 희생자들"이 있다. 그들은 새로운 경제적 · 기술적 상황들이나 삶의 양식에 적응하지 못하고 극우의 낡은 가치들에 투표를 한다. 다른 한편에는 급진적인 정치적 · 사회적 변화들을 꿈꾸고 근대적이고 자유적이며 책임 있는 사회주의를 지지하는 것을 거부하는 영원한 아이들이 있다.

병은 의사들의 일이다. 노년의 병을 앓는 사람들을 위해 근대성의 전진이 그들을 부드럽게 무덤으로 밀어붙이기를 희망하면서 그들의 상황을 더 잘 살아갈 수 있도록 돕는 조치들이 제안된다. 젊음의 병을 앓는 사람들에게는 반대로 충격요법이 강제된다. 그들이 정치란 무엇인지를 단 한번에 완전히 이해할 수 있도록 만들어야 한다. 그들은 정치가 최대다수의 지성과 행동의 힘을 신뢰하면서 공동체의 어떤 생각을 위해 싸우는 것이라고 상상한다. 그들이 이 광기에서 치유될 수 있도록 해야 하며, 그들에게 집단적 능력이나 그들 자신의 판단능력과 그 판단에 따라 행동하는 능력을 철저히 의심하는 법을 가르쳐야 한다. 그들에게 있어서 정치는 단지 투표하는 것이며, 자신들의 선택과는 반대되는 투표를 하는 것이라는 것을 가르쳐야 한다. 실제로 투표하는 사람은 그가 옳다고 평가하는 생각들에 따라, 그리고 그 생각들에 가장 가까운 것처럼 보이는 후보자들을 위해 투표하려는 경향을 항상 갖는다. 그것도 무책임한 것이다. 투표의 원칙은 선택이 아니라 복종이며 신뢰가 아니라 두려움이어야 한다는 것을 그 무책임한 사람들이 이해하도록 해야 한다. 결국 그것은 홉스[1]가 최고 권력에 대한 무조건적 복종 위에 세워진 공동체의 원칙은 두려움이라고 하며 말했던 것이다. 공식적 좌파의 선도자들은 홉스의 이론을 고행의 실천적 실행으로 변형시켰다. 즉 당신은 공식적이고 책임 있는 좌파의 후보자에게 투표하지 않으려고 했다. 당신은 속죄해야 한다. 그리고 현 통치체계를 대표하는 사람이 가장 하찮고 가장 부패했다는 점 때문에 그에게 결선투표에서 대거 투표를 하지 않는다면 어떻게 속죄할 것인가? 결국 주권에 대한 단순하고 순수한 복종—주권을 구현하는 사람이 경멸당할 만하다는 점에서 더욱 더 모범적인 복종이다—에 투표하면서 말이다.

어떻게 복종의 메커니즘을 작동하게 만들 것인가? 죄의식과 공포라는 이중의 동기를 이용하면서, 죄의식에 의한 공포와 공포에 의한 죄의식을 만들어내면서 작동하게 만든다. 그 일은 쉽지가 않았다. 예선투표일 저녁에 실시된 여론조사가 결선투표에서 시락이 압승할 것이라고 예상했기 때문이다. 따라서 그 다음날부터 언론에서, 그리고 좌파 지식계와 예술계에서 르펭[2]에게 놀라운 투표수를 부여하는 공안경찰의 가짜 여론조사를 인용하는 격렬한 경고성 홍보전이 전개됐다. 시락[3]의 이름을 적은 용지를 투표함에 넣지 않으면 프랑스에서 나중에 강제수용소가 생기는 것을 알면서 공모하는 것이라고 우리 모두를 설득하기 위해 1968년의 어느 정도 상징적이었던 인물들이 대부분 이끈 선전 홍보전이 전개됐다.

그렇게 해서 수만 명의 시위자들이 자신들의 힘을 자기 자신들을 겨냥해 사용하게 됐다. 그들은 공식적 좌파의 파산이 인종차별적 프랑스의 후보자에게 제공한 뛰어난 광고 앞에서 자신들의 혼돈과 거부를 표명하기 위해 거리로 나왔었다. 그들은 "파시스트가 아니라 사기꾼에게 투표하라"나 "히틀러의 프랑스보다는 부패한 공화국이 더 낫다"라고 쓴 플래카드들을 내세우면서 후회와 공포의 깃발 아래에서 행진해야만 했다. 히틀러의 프랑스라는 위협을 진지하게 믿는 사람이 아무도 없었기 때문에 그 말은 사실은 다음과 같은 뜻이었다. 여기 우리 모두가 자신의 힘으로 세우는 것을 상상할 수 있는 공화국보다는 부패한 공화국이 더 낫다. 부패한 공화국이 더 낫다라는 말은 일반적으로 복종이 더 낫다라는 뜻이다.

이 홍보전은 즉각적으로 성공을 거뒀다. 그것은 공포에 의한 복종을 구현하는 사람의 선거 승리를 보장했다. 그것은 그와 동시에 극우의 성공을 만든 논거에 대한, 즉 극우가 합의에 맞선 유일한 세력이며 결국 정치를 하는 유일한 세력이라는 논거에 대한 반박할 수 없는 검증을 제공했다. 이 이중 증명의 장기적 효과에 관해서는 이 홍보전의 진행자들이 깊이 고민한 것처럼 보이지 않는다.

주

1 Thomas Hobbes(1588–1679). 영국의 철학자.
2 Jean–Marie Le Pen(1928–). 프랑스의 극우 정치인. 2002년 대통령 선거에서 결선투표에 올랐다.
3 Jacques René Chirac(1932–). 프랑스의 정치인. 1995–2007 프랑스 대통령.

빅토르 위고 :
200주년의 모호함들
2002년 8월

200년 전에 빅토르 위고[1]가 태어났다. 생일은 사람들의 의지에 달려 있지 않지만 기념은 그렇지 않다. 2년 전에 사르트르 사망 20주년 행사를 할 결정적 이유는 없었다. 그러나 그의 "복권"을 통해 역사의 한 장이 넘어갔다는 것을 표현하려는 의지가 있었다. 상식 있는 사람들과 많은 자신의 동료들에게 충격을 주면서 사르트르가 자신의 말과 행동에 결합시켰던 맑스주의와 혁명이 더 이상 무섭지 않기 때문에 사람들은 그를 그것들과 분리할 수 있었고, 반대로 그를 악의 세력들과, 비록 그가 그들과 가장 가까워 보이기는 했지만 항상 구분했었던 예술가의 독립성과 도덕주의자의 요구를 강조할 수 있었다. 사람들은 그를 예술을 사랑하는, 또한 정의와 공익을 염려하는 성실한 작가의 국가적 전통—전체주의 이론과 실천이라는 세이렌들에게 홀린 지식인들의 맹목과는 대립되는—안에 통합시킬 수 있었다.

빅토르 위고에게 있어서 작업은 겉으로는 보다 단순해 보인다. 『레미제라블』의 작가를 기념하는 것은 자연스럽게 정치적 시의성과 일치하는 것처럼 보인다. 새로운 프랑스 정부는 기층의 프랑스—경범죄의 희생자인 변두리 주민, 빵집 기술자, 옛날 방식의 빵 기술자, 소규모 자영업자, 지역 유지를 하나로 묶기에 충분히 유연한 표현이다—를 위한 배려를 지상명령으로 삼았다. 장 발장은 빵집 기술자라기보다는 빵 도둑이었고, 감옥에서 나와서는 사장과 공업도시 시장이었다. 그러나 무엇보다도 빅토르 위고에 대한 기념은 정의, 사회적 진보, 공교육에 몰두한 그저께의 도덕주의 지식인의 좋은 전통을 변증법의 필연성들과 역사의 술책들을 사랑한 비도덕적인 어제의 지식인의 나쁜 전통과 대립시키는 커다란 시도 안에 포함된다.

인간적 박애와 교육을 통한 인민의 진보를 사랑하는 19세기의 공화주의자들은 오랜 동안 의심과 조롱이 쉽게 뒤섞인 모호한 경의의 대상이었다. 맑스주의자들은 계급투쟁의 적나라한 현실들을 그럴 듯한 말들로 감추고 관대한 감정들과 공적 교육으로 사회악들을 치유할 수 있다고 믿었던 이 감상적 공화주의자들이나 사회주의자들을 조롱했다. 그러나 반맑스주의자들도 그들에게 원한을 품고 있었다. 그들이 빈곤을 고발하는 데 사용했던 과장은 살인을 불러일으키는 평등적 환상들에게 문을 열어주는 하층민들에 대한 동정의 감상적 분위기를 만들고 전체주의에 대한 지식인들의 호의를 부추기지 않았는가? 보편적 박애에 대한 그들의 호소는 민주주의의 적들에 맞선 민주주의의 의지를 무장해제하는 데 기여하지 않았는가? 공산주의의 귀신이 겁을 주는 한, 박애적이고 인도적인 큰 믿음의 유령들은 그것들 자체가 의심스러웠다. 관념주의자들의 도덕은 현실주의적 혁명가들의 흉포함의 공모자 역할을 했다. 바로 그것에 대해 이미 『레미제라블』에서 가브로쉬의 노래가 비꼬고 있었다.

나는 땅에 쓰러졌네,
이것은 볼테르[2]의 잘못이네,
코를 개울물에 박았네,
이것은 루소의 잘못이네!

공산주의의 공포가 멀어진 지금 우리는 역사를 다시 쓰고 재평가할 수 있다. 현실 앞에서의 편안한 도주에, 그리고 혁명적 환상들에 대한 의심스러운 호의들에 오랫동안 연결된 도덕을 오늘날 통치자들, 전쟁의 수장들 그리고 이데올로그들은 그들의 모든 행동의 원칙이라고 주장한다. 볼테르, 루소, 위고, 미쉴레[3] 또는 졸라도 그들 시대의 실제적 남용들을 고발하고 문명과 공동체의 본질적 가치들을 지키는 지식인들, 좋은 지식인들의 모범을 지금 제공한다. 프랑스 지식인 계층의 일부가 보편적 사고의 국가적 영웅들을 이렇게 칭송한다. 그들은 그 국가적 영웅들을 민주적 정부들로부터 봉급을 받거나 지원을 받은, 그리고 그 정부들 덕분에 자신들이 누리게 된 자유를 부정하고 전체주의를 칭송하는 데 혈안이 된 20세기의 불쌍한 소지식인들과 대립시킨다.

이 '죽은 후의' 승리들에 반은 거짓이고 반은 진지한 근심이 합류하는 것이 사실이다. 10년 전에 집단주의의 제약들이나 끔찍한 일들에 맞선 자유민주주의의, 인권과 개인 권리들의 최후의 승리를 축하했던 사람들이 지금은 목소리를 바꾼다. 그들은 오늘날 너무 많은 권리와 너무 적은 의무, 너무 많은 개인적 자유 선택과 너무 적은 집단적 규율과 사회적 유대가 있다고 말한다. 민주적 개인주의는 이

제 민주주의를 위험에 빠뜨릴 것이다. 모두에게, 그리고 각자에게 자신의 사적인 요구보다는 보편주의적 위대한 가치들과 공동 유대의 의미를 앞세우도록 가르치는 교육 공화국의 위대한 전통을 되살리는 것이 그것에 맞선 치료약이 될 것이다. 시간은 토마스 제퍼슨[4]이나 빅토르 위고라고 불리는 공적 삶을 만든 아버지들에게로 돌아간다. 사회운동에 대해 향수를 가진 사람들은 물론 공화국적 이상주의의 위대한 인물들로의 이와 같은 회귀에 대해 보다 신랄한 해석을 한다. 『레미제라블』이 다시 주목받기 시작한 것은 빈곤이 다시 주목받기 시작하기 때문이며, 사회적 보호와 연대의 형태들에 대한 신자유적 파괴가 빈곤을 다시 개인적 문제로 만들며 사회조사자들과 자선단체들과 마음이 따뜻한 문인들의 배려 대상으로 만들기 때문이다.

그러나 사람들은 이 둘 모두에게 그 따뜻한 마음 자체가 모호함을 갖고 있으며, 그 모호함들이 시인의 관심사를 만든다고 반박할 수 있을 것이다. 빅토르 위고는 『레미제라블』을 "프롤레타리아에 의한 인간의 악화"에 맞서 날리는 커다란 비명이라고 소개했다. 그러나 이 비명은 단일한 의미를 갖지 않는다. 그것이 빈곤을 두 개—인간들의 정부에 의해 풀어야 할 문제와 신의 섭리에 맡겨진 신비—로 나눴기 때문만이 아니다. 사회적 질서의 어두운 밑바탕에 대한 독특한 매혹은 바로 이 질서의 희생자들에 대한 동정과 혼합된다. 바리케이드 위에서의 공화주의자들의 영웅적 죽음에 대한 묘사가 아무리 서정적이라고 해도 우리는 시인이 그 다음 에피소드에 더 관심이 있다는 것을 느낀다. 그것은 상처 입은 마리위스의 몸을 "리바이어탄[5]의 창자" 안에서, 다시 말해 커다란 파리의 지하도 안에서 짊어지고 사라지는 장 발장이다. 빛나는 도시의 어두운 지하는 정치인들에게 있어서 사회적 질서나 그것의 기반을 허무는 전복의 왕국을 고발하는 빈곤의 세계이다. 소설가에게 있어서 사회의 "지옥으로의 하강"은 다른 것이다. 그것은 다른 것의 비밀스러운 진실인 이 지하세계 안으로의 잠수이며, 사회적 구별들의 표면을 지지하고 그것의 유물들을 거두는 거대한 평등의 세상 안으로의 잠수이다. 하수도는 모든 것을 말하는 "도시의 의식"이자 "큰 파렴치한"이라고 그는 말한다. 즉 판사의 모자는 하녀의 치마였던 쓰레기 옆에서 뒹굴고 루이 금화는 자살자의 못과, 또는 혁명가의 수의가 된 후작 부인의 섬세한 천과 가까이 있다.

이 거대한 혼합물은 미학자의 호기심과는 다른 것이다. 그것은 봉기자들의 투쟁목표였던 평등과는 다른 평등의 상징이다. 그것은 또한 예술에 대한 새로운 생각의 상징이기도 하다. 예술은 오랜 동안 궁궐을 장식했고, 이 세계의 위대한 것들의 축제들을 위해 봉사했다. 위고의 시대에 예술은 이제 새로운 아름다움을 위해 헌신한다. 인민에 대한 착취들의 아름다움이 아니라 옛 권세들의 쇠퇴 자체로부터 태어나는 새로운 화려함의 아름다움이다. 플로베르가 말한 것처럼 앞으로는 더 이상 귀족과 천민 사이의 구별이 없고 노르망디 지방의 작은 도시가 콘스탄티노플과 같은 가치가 있기 때문만이 아니다. 몇몇 사람들이 부르주아 질서의 회색빛 합리성에 의해 마취된 예술의 죽음을 알리는 바로 그 순간에 그것은 무한히 갱신될 수 있는 새로운 영토를 발견한다. 그것은 권세의 이 모든 장식들의 영토이며, 사회적 사용을 상실하고 그것을 통해 모순된 요소들로 된 새로운 아름다움을 얻은 상품의 풍요의 영토이다. 그것들은 역사가 읽히는 글로 된 기호들이고, 용도 변경된 물건들에 대한 멜랑콜리의 상징들이며, 신비주의자의 장미처럼 이유를 모르고 그곳에 있는 것의 적나라한 화려함에 대한 증언들이다.

아마도 위고는 이 아름다움의 매력에 절반 정도만 몸을 맡겼을 것이다. 최하층민들에 대한 『레미제라블』의 글들은 때때로 정신분열증에 근접한다. 시인은 하수도의 놀라운 풍경들을 화려하게 묘사한다. 개혁주의자는 강물에 아무 이익 없이 버려지는 배설물들로 밭을 비옥하게 만든다고 주장하기 위해 그 묘사를 중단한다. 시인은 은어인 이 "두꺼비 언어"의 괴물 같은 창작에 매료당한다. 개혁주의자는 범죄와 그 언어의 암흑들을 흩뜨려 버리는 교육의 빛을 다량으로 확산시키도록 통치자들에게 호소하기 위해 그것을 멈춘다. 후계자는 사회의 무의식 안으로의 이 내리막길을 보다 솔직히 따라갔고 용도 변경된 물건들의 새로운 아름다움의 원천을 개발했다. 초현실주의 시학은 그것으로부터 양분을 취했다. 거대한 근대 도시의 한복판에 지옥이 열린 것과도 같은 이 낡은 파리 길들에서의 아라공[6]의 "파리의 농부"의 산책, 새로운 동굴 암벽화들인 벽 낙서들이나 예를 들어 둥글게 말린 버스 티켓으로 구성된 의도되지 않은 조각들을 찍은 브라사이[7]의 사진들, 엘리 로타르[8]가 도살장에서 찍은 사진들, 19세기 상품의 폐쇄된 사원들의 유행 지난 건축물 안에서의 "변증법의 작업"에 대한 발터 벤야민의 이론화가 그것들이다. 최근에 조르쥬 디디-위베르만[9]은 그의 저서 『근대적 님프(*Ninfa moderna*)』에서 고대 조각의 아래로 떨어지는 주름진 천에서 크리스티앙 볼탄스키의 옷 선반들이나 스티브 맥퀸[10]이 찍은 파리의 도랑들 안의 둘둘 말려진 마포들의 사진들로 넘어가는 길을 그리려 시도했다. 그는 위고의 하수도와 진흙 묻은 그의 걸레들을 이 진화의 강력한 순간으로 만들었다. 순수한 선들과 고상한 태도들의 옛 아름다움과 용도 변경된 한 무더기의 걸레들 안에서 발현될 수 있는 현대의 아름다움 사이의 진화 말이다. 이 주장에 대해서는 논쟁할 수 있지만 『레미제라블』의 저자의 이 유산이 다른 것보다 더 현재적이고 더 심오하다고 생각하는 것은 합당하다.

주

1 Victor-Marie Hugo(1802-1885). 프랑스의 시인, 소설가.
2 Voltaire(1694-1778). 프랑스의 계몽사상가. 본명은 프랑수아 마리 아루에(François-Marie Arouet).
3 Jules Michelet(1798-1874). 프랑스의 역사가.
4 Thomas Jefferson(1743-1826). 미국 건국의 아버지. 1801-1809 미국의 대통령.
5 Leviathan. 성경에 나오는 바다의 괴물.
6 Louis Aragon(1897-1982). 프랑스의 시인, 소설가.
7 Brassaï(1899-1984). 프랑스에서 활동한 헝가리 출신의 사진가.
8 Eli Lotar(1905-1969). 루마니아 출신의 프랑스 사진가.
9 Georges Didi-Huberman(1953-). 프랑스의 예술이론가.
10 Terrence Steven "Steve" McQueen(1930-1980). 미국의 배우.

기계와 태아

2003년 1월

지식인들이 자신들이 어디 있는지를 더 이상 잘 알지 못할 때 예술가들이 그것을 알려주는 일은 상당히 흔하게 일어난다. 그것은 그들이 선견지명의 놀라운 능력을 가져서가 아니다. 그것은 단지 사람들은 시간을 예언하거나 거기에서 교훈을 얻는 임무를 맡지 않았을 때 시간의 시계를 더 잘 파악하기 때문이다. 요즈음 파리의 지식인들은 어두운 말다툼에 빠져 있다. 그들은 주요 일간지들의 일면에서 자유나 평등의 이상들을, 또는 그 둘을 동시에 배반하면서 반동의 원인에 동조했다고 서로를 비난한다. 사람들은 싸움 당사자들이 무엇에 대해 말하는지 잘 알지 못한다.[1] 반대로 피카비아의 작품들에 대한 회고전과 매튜 바니의 '크리매스터(Cremaster)' 사이클 전시회가 동시에 열리는 파리 근대미술관의 문을 넘어서는 방문자는 두 시간 만에 한 세기의 이상들과 그것들의 변형들이 무엇이었는지를 완전히 이해하는 상당히 놀라운 감정을 느낀다.

피카비아 전시회는 무엇보다 우선 백과사전의 형태를 취한다. 그것이 제시하는 첫 번째 그림은 실물보다 더 진짜 같은 피사로[2]의 작품이다. 1950/1960년대에 그려진 마지막 작품들은 비정형 회화의 영향력 안에 위치한다. 중간에 화가는 완전히 입체파적인 그림들과 다다주의의 상징적 작품들을 그렸고, 가장 아카데미풍의 사실주의로의 회귀에 대한 가장 설득력 있는 증언들을 그렸다. 출생일 때문에 그는 자신이 살아온 세기의 4분의 3을 차지한 사조들 중 가장 오래된 사조만을 피했을 뿐이다. 상징주의만이 그가 빌려온 양식들의 목록에서 빠져 있다. 그런데 바로 이 잃어버린 고리를 '크리매스터' 사이클이 가장 급진적인 형태로 보여준다. 그것은 음악영화들, 조형조각물들 그리고 시바크롬(사진인화 방식) 사이에서 구성되는 유사성들을 통해 총체적 예술작품이라는 바그너[3]의 꿈을 다시 보여준다. 그것은 또한 한 시대의 모든 영상과 선호된 기법들을 다시 가져온다. 아이스크림 판매점이나 로코코 원주기둥들의 장식, 매끈한 형태들과 물결치는 선들, 자동차 차체와 식탁보 세트를 절대적 시로 만드는 아르데코 미학, 세기의 세밀한 금 장식물들을 배경으로 한 후기 낭만주의 오페라의 변조들, 물가의 신적 존재들, 님프들, 사티로스들 그리고 꽃소녀들의 발레 또는 켈트의 전설들을 상기시키는 것들이 그것이다.

근대미술관의 한 층과 다른 층 사이의 관계는 따라서 근대 예술의 독특한 극작법을 구성한다. 우리는 매튜 바니의 작품에서 한 세기의 전설의 마지막 에피소드를 볼 수 있다. 그 에피소드는 팝의 시대와 개념의 시대를 간단히 건너뛰고 음악의 신고딕식 골동품이나 현대 영화들을 승화해서 예술의 한 주기를 그것의 출발점으로 되돌려놓는다. 우리는 반대로 '크리매스터' 사이클은 상징주의, 정신주의, 바그너식 작품, 형식미의 강조 등 모든 잡동사니를 요약해 보여준다고 말할 수 있다. 그런 잡동사니에 맞서서 1910년대에 피카비아와 같은 젊은 사람들의 미래주의적이거나 다다주의적인 도발들이 일어났다. 그들은 그것이 예술이라면 그것을 죽음에 이르게 하고 기계의 즐거운 지배를 축하하는 것이 더 낫다고 생각했다.

따라서 우리는 한 세기의 형태들을 횡단하는 것보다는 특징적인 두 순간들의 대립에 주목할 것이다. 1910/1920년대와 1990/2000년대의 대립이 그것이다. 그러나 이 대립은 급진적 단절들이라는 근대주의 시대와 일반화된 회수와 재생이라는 탈근대 시대의 대립으로 귀착되지는 않는다. 보다 복잡한 방식으로 미적 패러다임들은 서로 대립한다. 그 패러다임들은 보다 넓게는 물질성에 대한 인간관계의 패러다임들로 역사와 공동 세계에 대한 서로 적대적인 시각들을 담고 있다.

1920년대의 급진적 예술가와 2000년에 환대받는 예술가 사이에는 반자연에 대한 두 개의 생각들—기계 또는 기교—이 서로 대립한다. 1915-1920년 사이에 피카비아는 "기계형상"의 그림들을 그렸다. 전통적 회화의 닮음을 거부하기 위해 그는 과학잡지들에 나오는 기계 그림들을 아주 충실히 받아들이고 그것들에게 판타지의 이름들—'성자들 중의 성자', '전라 상태에 있는 미국 처녀의 초상'—을 주기까지 했다. 나중에 그는 산업용 그림에 사용하는 에나멜 도료로 그림을 그린다. 그렇게 그는 회화의 전통을 이끈 자연적 질서에 금속의 강함과 기계의 기하학을 대립시킨다. 이 미적 선택은 늙은 인간을 파괴하고 새로운 세계를 주창하는 기계 안에서 큰 희망들을 발견하는 시대에 일치하는 것이다. 피카비아는 정치에는 별로 관심이 없었고 혁명에는 더더욱 관심이 없었다. 그러나 예술가들의 발명들과 한 시대의 투쟁들과 기대들 사이의 관계는 그들의 개인적 참여보다는 감각적 재료의 힘에 대한 공동의 태도를 통해 더 잘 나타난다.

매튜 바니의 반자연은 기교라고 불린다. 그의 재료는 다다주의의 꿈 기계들의 금속이나 소비에트 서사시의 금속이 아니라 석유에서 파생된 부드러운 재료이다. 나일론, 플라스틱, 비닐 그리고 레진은 식용전분과 함께 그의 영화영상들에서 모사품이나 받침의 역할을 하는 상당히 큰 조각들의 가장 중요한 제1재료이다. 그의 자동차들에는 구동축도 실린더도 없으며, 주조된 플라스틱으로 된 차체만이 있다. 1920년대의 발명가들은 기계적 톱니바퀴들의 강함을 옛 세계의 말랑말랑함과 모던 스타일의 장식들에 대립시켰다. 그는 잔류성과 유연성을 가진 재료를 선택한다. 이 재료는 꿈과 손에 모두 순종적이다. 그것은 삶을 바꾸는 것보다는 산 것과 살지 않은 것을 구분하는 경계선들을 폐지하는 것에 대해 더 생각하는 시대가 선호하는 것이다.

“재료”는 항상 재료가 인간을 위해 할 수 있는 것과 인간이 재료에 대해 할 수 있는 것에 대한 어떤 생각이기도 하다. 피카비아의 기계형상 그림들의 아이러니는 미래주의적 도취들과 구성주의적 꿈들에서 상당히 멀리 떨어져 있다. 그러나 그것은 그것들의 가장 본질적인 목적을 더 잘 말해준다. 톱니바퀴들, 피스톤들, 도르래들을 그린 그림들의 제목—「사랑의 퍼레이드」, 「약혼자」 그리고 특히 여러 번 반복된 「보라, 어머니 없이 태어난 소녀」—을 다시 보자. 기계적 꿈은 바로 이것이다. 그것은 모자관계가 폐지되는 꿈이다. 바로 그렇기 때문에 그것은 노동자의 자기 해방의 꿈에 아주 잘 들어맞는다. 자율의 꿈은 스스로 출생하는 남성의 꿈이다. 소비에트 건설자들의 짓궂고 담금질된 강철 같은 예술가들의 미혼의 기계들은 모두 자기 출생의 절대적 힘에 대한 이 꿈에 집착한다. 분명히 그것을 팔아먹는 방식들이 있다. 피카비아에게 있어서 이 능력은 모든 집단적 구성주의의 프로그램에서 떨어져 무엇이든—그림이든 반그림이든, 구상이든 반구상이든—동일하게 잘할 수 있는 기술자의 단순한 기교 안에서 마침내 실현된다. 사람들은 기꺼이 예술적 발명의 개인주의를 집단적 일의 엄격함과 대립시킨다. 그러나 그 둘은 모두 동일한 공동 바탕에서 물을 긷는다. 개인주의는 항상 집단주의의 다른 얼굴이다.

자기 자신의 부모가 되고자 하는 인간의 프로메테우스적 꿈을 제거하는 방식은 여러 가지가 있다. 인간에게 가장 큰 선은 결코 태어나지 않는 것이며 두 번째 선은 가능한 한 일찍 죽는 것이라고 말하는 옛 비극의 지혜가 있다. 낭만주의 시대에 그 지혜는 탄생 전의 노스탤지어로 변했다. 니체는 바그너적 비극의 지혜를 죽어가는 이졸데의 소원 안에 요약했다. 그것은 미분화된 태초의 큰 바다에서 다시 자신을 잃게 해달라는 소원이다. 정신분석학은 나름대로 자기 탄생의 미성숙에 의해 특징지어지는 미완성된 동물로서의 인간 동물의 축소할 수 없는 비참함을 자기 자신의 창조자인 인간의 공상주의적 유토피아에 기꺼이 대립시켰다. 단순한 이성으로의 회귀의 측면들 하에서 현대 자본주의는 아마도 자기 자신의 유토피아를 먹고 살 것이다. 그것은 이 "비참함"에서 벗어난 삶의 유토피아이며, 어머니 배의 편안함 안에 완전히 들어간 고통 없는 소비의 삶이다. '크리매스터' 사이클은 성적 무차이와 차이 사이의 태아의 역사를 유사한 방식으로 다시 따라갈 것을 제안한다. 그러나 그것은 단지 유사함이나 상징의 문제가 아니다. 매튜 바니가 플라스틱 블록들 안에 가두는 자동차의 내부들은 보호용 기름과 순수한 빙하를 동시에 상기시키며 금속적이고 기계적인 이데올로기의 역행을 잘 보여준다. 기교들의 말랑말랑한 재료는 영원의 차원으로 상승한 태아의 삶을 축하하기 위해 원시 대양 안에서 또는 양수 안에서 항상 녹을 준비가 돼 있는 재료이다.

여기에서 개인적인 것과 집단적인 것은 아직 예술과 정치보다 더 분리돼 있지 않다. 근엄한 사상가들은 "민주적 개인"의 격화된 나르시즘이 집단적 이익의 관리에 가할 수 있는 위험들에 대해 주기적으로 흥분한다. 그러나 이 대립한다고 알려진 것들은 동일한 부품의 두 얼굴일 뿐일 수 있다. 유행하는 예술가의 액체 우주가 보여주는 중단된 모성 보호의 꿈은 부유한 국가가 오늘날 정치의 모든 것을 요약해 보여주는 데 사용하는 이 안전의 약속과 동시에 일어난다.

주

1 저자 주 : 그것은 다니엘 린덴베르그(Daniel Lindenberg)의 저서 『새로운 반동분자들(*Les Nouveaux Réactionnaires*)』에 의해 유발된 싸움이다.

2 Camille Pissarro(1830–1903). 프랑스의 인상주의 화가.

3 Wilhelm Richard Wagner(1813–1883). 독일의 작곡가.

죽은 작가인가 아니면 너무 살아 있는 예술가인가?

2003년 4월

이번에는 작가가 진짜로 죽었을 것이다. 이미 30년 전에 철학자들은 자기 생각들의 주인이자 소유자로서의 주체라는 작가 주장의 기반을 허물면서 작가에 대한 이론적 사망선고를 했었다. 그것은 팝 예술가들이 스타의 초상들이나 일련의 수프 통조림통들을 갖고 독자적 작품의 특권을 파괴하던 시기였다. 그 뒤를 이어 예술가가 사용 물품들과 기존의 영상들을 재배치하는 데 종종 만족하던 설치예술, 기존의 작곡들에서 빌려온 음악들을 식별 불가능할 정도로 섞는 DJ의 행위, 그리고 마지막으로 텍스트, 노래, 영상들에 대한 무제한의 복제가능성을 수립한 정보혁명이 있었다.

작품 개념—작가가 작업한 특수한 물질성 안에서 작가의 창조적 의지의 표현이 작품의 형상으로 독특하게 드러나고 모든 복제물들과 구분되는 원작처럼 제시된다—이 가진 내용 자체를 구성한 것이 이렇게 해체되는 것처럼 보인다. 작품이란 생각은 특수한 재료의 모든 가공과는 완전히 독립된 것이 된다. 베르트랑 라비에의 「마르텡의 방(Salle des Martin)」은 마르텡이란 이름을 가진 작가들이 제작한 50개의 그림들을 전시한다. 이 그림들 중 어떤 것도 더 이상 원작의 역할을 하지 않는다. 작품의 원작성은 그것들의 집합이라는 그 자체로 비물질적인 생각으로 넘어갔다. 어떤 무더기의 재료들도 그것의 자리에 올 수 있다. 런던 박물관의 한 직원이 청결을 생각해서 공교롭게도 쓰레기통에 버린 데미안 허스트의 설치작품의 한 부분인 오래된 종이 무더기처럼 말이다.

모든 재료를 별것 아닌 것으로 만드는 이 불분명함은 담론, 영상 또는 음악을 정보의 비트로 변형시키는 불분명함과 비교할 만하다. 사람들은 정보혁명과 함께 모든 물질성은 관념성으로 변형된다고 말한다. 비슷하게 디지털화된 생각, 영상 그리고 음악은 자유롭게 화면에서 화면으로 흘러간다. 그것들에 대해 소유권을 확언하고자 하는 사람들을 비웃으면서 말이다. 이렇게 작가의 특권에 대한 원칙 자체—창작의 수단들과 복제기계들 사이의 차이—가 사라졌다. 어떤 사람들은 거기에서 소유와 지배를 산산조각내는 두뇌-세계의, 또는 기계-세계의 힘을 본다. 모든 나라의 프롤레타리아들은 부르주아의 지배를 땅에 묻기 위해 하나가 되는 것이 아니다. 기술혁명은 지적이고 예술적인 소유권을 파괴하면서 '공산주의 선언'의 다른 주요한 예언—"단단한 모든 것은 공기 중에 흩어진다"—을 확인했다. 결여된 생산자들을 대신해서 복제기계들이 모든 현실을 비물질적인 것으로, 따라서 소유할 수 없는 것으로 만들면서 새로운 공산주의를 위해 일할 것이다.

기술의 공산주의적 덕목들에 대한 이 믿음은 문제를 일으킨다. 기술자들도 법률가들도 소유권을 다시 규정하고 그것을 준수하게 만들 프로그램들을 발명할 수단들이 부족하다. 특히 기술적 복제가능성은 작가의 개념적 지위에 대해 어떤 명백한 영향도 미치지 않는다. 1930년대에 발터 벤야민은 영화의 생산과 배포의 산업적 조건들 안에서 유일한 작품의 '아우라'에서 해방된 예술의 원리를 봤다. 그렇지만 예언은 증명되지 않았다. 브로타에스, 보이스, 그리고 플럭서스의 예술가들이 미술관의 예술을 조롱거리로 만들었을 때 『카이에 뒤 시네마(*Cahiers du cinéma*)』의 젊은 급진파들은 "작가정책"을 확고히 했다. 미술관들이 스스로 설치작품들로 전향했을 때 고다르의 「영화의 역사」는 말로[1]의 상상 박물관의 신성함을 받아들였다. 한 편의 영화가 필요로 하는 제작과정의 수많은 제약들과 예술적이고 기술적인 협력들에도 불구하고 영화의 "연출가"는 자신의 창작물에 자신의 흔적을 남기는 작가의 모범적 화신이 됐다.

그런데 아마도 기술혁명의 효과들에 대한 과다한 신뢰는 작가에 대한 약간은 단순한 시각에서 비롯됐을 것이다. 공인된 의견에 따르면 낭만주의 이후로 문학적이고 예술적인 근대성은 동일 이름의 권리와 "부르주아 혁명"의 개인주의와 동일한 시기에 태어난 작가에 대한 숭배의 발전과 연결돼 있었다. 결과적으로 이 특권을 반박하는 모든 것—팝 시대의 스타들이나 상업적 생산품들의 시리즈 영상들에서부터 디지털 시대의 불법복제들에 이르는—은 법적 소유권이 아니라면 적어도 소유 작가의 신화에 연결된 예술적 원작성이라는 모더니즘의 환상들을 파괴했다고 알려진 포스트모던 혁명의 계정에 편입된다.

그러나 작가와 소유자 그리고 사람 사이의 관계들은 무한정 더 복잡하다. 문학적 천재의 확립은 18세기 말에 저작권에 호의적인 보마르셰[2]의 활동들로부터 탄생하지 않았다. 그것은 반대로 호메로스[3]에게서 그의 작품의 부자관계를 박탈하고 그것을 한 인민과 한 시대의 익명적 표현으로 만들고자 한 그 시대 문헌학자들의 집요한 노력으로부터 탄생했다. 작가에 대한 근대적 생각은 예술의 비인격성에 대한 생각과 동일한 시기에 탄생했다. 바로 작가와 그를 관통하는 익명의 힘 사이의 이 동등한 지위를 낭만 시대에는 천재의 개념이 표명했다. 그리고 예술을 위한 예술과 예술가에 대한 숭배를 대표한다고 여겨지는 사람들은 플로베르처럼 끊임없이 예술의 완전한 비인격성을 표명하거나 말라르메처럼 시인은 필연적으로 "그처럼 죽었다"고 확언했다.

이러한 생각은 예술가가 자신의 저작권을 주장하는 것을 결코 막지 못했다. 그러나 그것은 소유에 대한 생각의 양분을, 소유와 비소유 사이의 독특한 관계를 규정했다. 쉐리 레빈[4]이 워커 에반스[5]의 사진들을 사진촬영한 작품을 만들기 거의 2세기 전에 쉴레겔[6] 형제는 고전 시들을 다시 시로 쓰는 것을 낭만파 시인들의 일정에 집어넣었었다. 그 사이에 초현실주의자들은 욕망과 꿈의 절대에 대한 가장 개인적인 표현들이 쓸모 없는 상품들이나 낡은 잡지들과 카탈로그들 화보들의 재활용과 일치할 수 있다는 것을 증명했었다. 절대적이고 비인격적인 작가는 모든 물건으로 확장될 수 있는 예술의 유산을 자기 수중에 갖고 있는 사람이다.

예술적 과정의 비인격성과 그 소재들—일상생활의 비인격성에서 빌려온—의 무관심 사이의 연대가 이렇게 확언됐다. 발터 벤야민은 어떻게 사진이 익명인들의 영상을 가로채기 위해 그림을 제작하는 것을 포기하면서 예술이 됐는지를 보여줬다. 그는 데이비드 옥타비우스 힐[7]이 촬영한 뉴 해븐의 소녀 어부의 사진은 힐의 주요한 회화적 구성물들보다 더 그를 유명하게 만들었다고 말한다. 플로베르의 시대에 책만이 가진 문체에 의해 얻어진 책의 절대성을 평범한 개인들의 언어, 꿈, 삶의 포착된 비인격성과 동일시했었던 문학적 혁명의 자취 안에 사진은 이처럼 자리 잡았다. 예술의 숭배는 익명의 광채에 대한 확언과 함께 탄생했다.

어떤 의미에서 현대 예술의 행위작품들과 설치작품들은 현대 예술의 극단적 결과로 창작의 비인격성과 그 재료의 무관심을 갖는다고 말할 수 있을 것이다. 소피 칼[8]이 호텔 방에서 훔쳐온 영상들은 「하녀의 일기」의, 그리고 보다 넓게는 아무나의 삶 안으로 들어가는 소설적 꿈의 현대적 버전일 것이다. 그러나 아마도 이 외면적 결과는 사람들이 일반적으로 말하는 것과는 다른 방식으로 작가의 개념을 뒤집는 논리의 전복을 감추는 것 같다. 사물들의 평범함과 복제의 무한함 안에서 작가 개념을 사라지게 만드는 것이 아니라, 반대로 그 개념을 생각의 개인적 소유와 비교하면서 말이다. 절대 작품에 대한 플로베르의 생각은 소설가로 하여금 자신의 문장이 가진 화려함들을 세계의 평범함의 복제와 동일시하도록 강제했다. 현대 예술가에 대한 생각은 반대로 그의 실현작업에 비해서 대략적으로 수축된다. 크리스티앙 볼탄스키는 자신의 전시실들을 뒤덮은 익명의 사진들을 스스로 벽에 붙일 필요가 없다. 그리고 로렌스 웨이너[9]는 최근 전시회에서 거의 비물질적인 기여를 한 미세한 구멍을 미술관 벽에 뚫기 위해 스스로 연장을 잡을 필요가 없었다.

따라서 잃어버리는 것은 작가의 인격도 아니고 작품의 물질성도 아니다. 그것은 이 인격을 물질성 안에서 변질시키는 작업이다. 관념을 향한 작품의 철수는 작품의 물질적 현실을 없애지 않는다. 그러나 그것은 비인격적 작품의 역설적 소유를 발명특허의 논리적 소유로 바꾸는 경향이 있다. 이런 의미에서 현대 작가는 과거의 그 어떤 작가보다도 더 엄밀히 소유자이다. 예술의 비인격성과 그 재료의 비인격성 사이의 협정은 이렇게 깨진다. 예술의 비인격성이 관념의 소유에 다가가는 동안 재료의 비인격성은 영상의 소유를 향해 움직이는 경향이 있다.

여러 세대의 사진가들은 대도시들의 거리, 변두리의 축제들이나 유명한 해변들에서 익명인들의 일상적 일들이나 비일상적 즐거움들을 포착하면서 예술을 했다. 오늘날 이 익명인들은 예술의 불멸성 대신에 그들이 도둑맞은 초상권에 대한 보다 구체적 권리들을 식별하고 주장하라는 요청을 받는다. 소유는 인터넷의 비물질성 안에서 해체되지 않는다. 그것은 반대로 예술에 들어갈 수 있는 모든 것에 그것의 봉인을 표시하고 예술을 생각의 소유자들과 영상의 소유자들 사이의 협상으로 만들려는 경향을 갖는다.

이 두 소유권을 일치시키는 자서전이 우리 시대의 예술 안에서 많은 자리를 차지하는 것은 아마도 이것 때문일 것이다. 자신들의 삶과 생각들에 대한 끝이 없는 일기만을 출판하는 문필가들에 대해, 신디 셔먼[10]같이 자기의 영상만을, 낸 골딘[11]같이 친지들의 은밀한 장면들만을 사용하는 사진가들에 대해, 나니 모레티[12]같이 자기 삶의 연대기를 중심으로 시대에 대한 자신의 작업을 강화하는 영화인들에 대해, 마이크 켈리[13]나 아네트 메사제[14]같이 세상에서 빼내온 물건들이나 영상들보다는 자신들의 환타즘의 봉제인형들로 자신들의 작품을 채우는 설치예술가들에 대해 생각해 보자.

따라서 전형적인 작가는 오늘날 자기에게 고유하게 속하는 것, 즉 자신의 영상을 이용하는 사람일 것이다. 작가는 더 이상 말라르메가 말했던 "정신적 지평"이 아니라 자기 영상의 코미디언일 것이다. 코미디언의 예술은 항상 시뮬라크르를 현실로 바꾸는 한계를 향한다. 이런 의미에서 오를랑[15]은 우리 시대의 전형적인 예술가일 것이다. 보편적 디지털화의 시대에 말라르메가 말했던 "죽은 자"는 아직도 잘 살아 있는 것처럼 보인다. 사실 약간 너무 살아 있다.

주

1 André Malraux(1901–1976). 프랑스의 작가. 최초의 문화부 장관.
2 Pierre–Augustin Caron de Beaumarchais(1732–1799). 프랑스의 극작가, 음악가, 발명가, 외교관.
3 Homeros(BC 800?–BC 750). 그리스의 작가. 『일리아스』와 『오디세이아』의 작가.
4 Sherrie Levine(1947–). 미국의 사진가, 개념주의 미술가.
5 Walker Evans(1903–1975). 미국의 사진가.
6 August Wilhelm Schlegel(1767–1845). 독일의 낭만주의 시인. Karl Wilhelm Friedrich Schlegel(1772–1829). 독일의 낭만주의 시인. 둘은 형제이다.
7 David Octavius Hill(1802–1870). 영국의 사진가.
8 Sophie Calle(1953–). 프랑스의 사진가, 행위예술가.
9 Lawrence Weiner(1942–). 미국의 개념예술가.
10 Cindy Sherman(1954–). 미국의 사진가.
11 Nan Goldin(1953–). 미국의 사진가.
12 Nanni Moretti(1953–). 이탈리아의 영화감독.
13 Mike Kelley(1954–). 미국의 미술가.
14 Annette Messager(1943–). 프랑스의 미술가.
15 Orlan(1947–). 프랑스의 행위예술가. 자신이 몸을 직접 성형한 행위예술로 유명하다.

기억상실의 논리

2003년 6월

"나는 기억력이 약해지고 있어." 프랑수아 트뤼포[1]의 영화 「쥘과 짐(*Jules et Jim*)」의 상징이 된 노래는 이렇게 시작한다. 여주인공이 더 이상 잘 기억하지 못하는 것은 사랑하는 사람의 눈색깔과 이름이었다. "파란색이었나? 회색이었나?" "이름이, 이름이 … 뭐라고 불렀지?"

외부 존재의 감각적 특질들에 대한 망각은 일반적으로 기억의 혼란이라는 가벼운 형태로 나타난다. 그리고 사랑의 감정은 보통 그것의 원인을 적절히 재현하는 것이 불가능함과 연결돼 있다. 보다 심각한 것은 물론 말을 시작하면서 하고자 했던 것의 마지막 문장을 기억하지 못하거나 도착지에서 자신이 여행을 떠난 이유들을 기억하지 못하는 것이다. 보다 더 심각한 것은 자신이 말하고 한 것을 그 즉시 잊어버리는 것이다.

이 기억상실이 우리의 뉴스 한복판에 나타난다. 1년 동안 매일같이 24시간 내내 조지 부시와 그의 참모들, 공화당과 민주당 의원들, 그리고 모든 종류의 언론인, 전문가, 자문들은 CNN, 폭스 또는 그 자매회사들의 화면 위에 쉼 없이 출현해 이라크 지도자가 가진 모든 대량파괴무기들이 그들과 우리에게 불러일으키는 두려움을 표명했다. 그렇지만 이 무기들의 소유자가 우리를 해칠 수 없게 만들기 위해 떠난 군대들이 그들의 목표에 다가감에 따라 그 목표는 기억에서 빠져나가는 것 같았다. 군대가 지나가는 곳에 대량파괴무기는 없었다. 따라서 벌어지는 일을 매시간 말하느라 충분히 바쁜 그 동일한 방송사들은 이 비만남이 구성한 비정보에 대해 말할 시간이 없었다.

계속되는 정보는 다음과 같다. 우리는 정보의 재료인 것—24시간 내내 검증되고 표명된 위협, 위협에 대응하는 개입—에 대해서만 말한다. 위협의 원인을 기억할 시간과 개입을 통해 그 위협을 확인하라고 요구할 시간은 어디에 있는가? 대량파괴무기들을 가진 사람이 공격을 받을 때 그것들을 사용하거나 숨기는 것을 잊어버리는 것에 대해 놀랄 시간은 어디에 있는가?

그들이 대량파괴무기들을 소유하고 있다는 가설은 이라크가 독재자에 의해 통치되고 있다는 절대적으로 확실한 현실에 비하면 부차적인 것이었다고 대답할 수 있을 것이다. 개입은 독재자의 무기들을 사용불능으로 만드는 것보다는 민주주의나 자유라고 불리는 독재의 반대를 그 인민들에게 선물했다는 것에서 마지막 정당성을 찾았다.

사람들은 자유가 독재보다 선호되는 것이라는 것을 별로 어렵지 않게 받아들인다. 어려운 것은 이 자유가 무엇으로 구성되며 누가 예속보다 자유를 선호하는지를 아는 것이다. 다른 사람들에게 자유를 갖다주느라 애를 쓰는 사람은 자유는 그것의 힘만으로 "악의 축"의 암흑을 쫓아버리는 긍정적 선이라고 가정해야 한다. 그렇지만 바그다드의 약탈들에 대해 어떻게 생각하느냐는 질문을 받은 '이라크 자유' 작전의 수뇌였던 미국 국방장관은 이런 독특한 답변을 했다. 자유는 분할할 수 없는 것이다. 따라서 그것은 잘못들과 범죄들을 저지르는 자유이기도 하다.

문제는 그 자유가 이라크인들에게는 결코 부족하지 않았다는 것이다. 이라크인들이 그 자유를 다른 사람들보다 더 부족하게 갖고 있지 않았으며, 그런 점에서 독재자도 약탈자들이 그의 궁전을 약탈하는 자유를 가진 것처럼 범죄를 저지르거나 대량파괴무기들을 가질 자유를 갖고 있었다. 따라서 이 자유의 선물이란 말은 선과 악 사이에서 선택하는 자유의지 외의 다른 것으로 이해돼야 한다. 그것은 한 인민에게 있어서 자치의 가능성이 구성하는 긍정적 선으로 이해돼야 한다. 바로 이 선을 미군이 이라크 인민들에게 그들의 독재자에게서 벗어나게 하면서 갖다준 것이다. 물론 그것을 위해서는 한 국가가 다른 국가의 내정에 간섭하는 것을 금지하는 국제법의 규칙을 완전히 없애야 했다. 그 장벽은 우선 "인도적 개입권"이란 형태 하에 약하게만 무너졌다. 원래 말살위험에 빠진 사람들을 구출하기 위해 인도적 단체들이 요구한 것이었던 이 권리를 강대국들이 돌격하면서 빌렸다. 절대 잘못의 희생자가 가진 절대 권리인 더 높은 권리가 국제법의 전통적 규칙들과 대립했다. 절대 잘못의 희생자는 어떤 식으로도 자신의 권리를 내세울 수 없는 불가능 속에 놓인 사람이다. 물론 이 결과로 모든 법 규칙보다 우세한 이 권리는 다른 사람에 의해서만, 명확히 말하자면 외국 개입군에 의해서만 행사될 수 있게 된다.

어떻게 이 예외의 권리가 규칙이 될 수 있는가? 그러기 위해서는 정치적 자유의 박탈이 정의집행자의 개입을 정당화하는 절대적 비탄의 상태와 동일시돼야 한다. 그런데 정치적 자유가 없는 고통은 자기 집이 불타고 가족이 살해당한 것을 본 후에 도로에 내던져지는 고통처럼 쉽게 입증되지 않는다. 두 상황을 동일한 것으로 보고 개입을 정당화하기 위해 고통이 부재한다는 논거를 만들지 않는 한 말이다. 그렇다면 사람들은 독재의 잘 알려진 결과는 무엇인가?라고 물을 것이다. 그것은 예속된 사람들에게 자유의 맛을, 따라서 자유가 박탈된 고통을 빼앗는 것이다. 자신들의 자유를 요구하는 것의 이 불가능은 따라서 무력을 통해서라도 그것을 그들에게 돌려줘야 하는 의무를 다른 사람들에게 부여하는 절대적 고통이다.

논증은 여기에서 약간 미묘해진다. 폭스 뉴스의 웅변가들보다는 철학자들이 그것을 조작하는 임무를 맡는다. 분쟁이 있기 전날 한 프랑스 철학자가 《르몽드》에 칼럼을 실었다. 거기에서 그는 우리가 인민들에게 그들의 의사에 반해 자유의 선물을 줄 수 있는지를 묻는 완고한 평화주의자들을 공격했다.[2] 인민들에게 그들이 원하는 것을 묻지 말자고 그는 응수했다. 대답은 우리가 충분히 알고 있는 것이다. 에티엔 드 라 보에티[3]의 『자발적 종속론(*Traité de la servitude volontaire*)』이 출간된 1576년 이후로 사람들은 인민들이 원하는 것은 자주성을 잃는 것이라는 것을 안다. 소비, 종교, 상징 등 무엇에 대한 종속인지는 중요하지 않다. 그들은 항상 그것을 원했고 또 항상 원할 것이다. 따라서 … .

철학에서 그것은 불확정된 추론이라 불린다. 그런 추론에서는 전제가 주어졌기 때문에 어떤 결론도 도출될 수 있다. 불확정된 추론은 기억상실의 정치에 고유한 악순환을 완성한다. 정복자는 자신이 찾으러 간 것을 잊는다. 언론인은 그에게 그것을 발견했는지 묻는 것을 잊는다. 무력으로 피억압자들에게 갖다준 자유를 찬양하는 정치인은 그가 수십 년 동안 인민들의 뜻에 반해 그들의 행복을 만들어 주고자 하는 것이 전체주의의 특징이라고 지적했다는 것을 잊는다. 철학자는 그의 추론에 빠져 모든 결론들의 동등함 외에는 그것으로부터 결론지을 것이 아무것도 없다는 것을 잊는다.

우리의 현재는 일반적으로 기억상실의 시대라고 묘사된다. 사람들은 일상적으로 그것에 대해 기억과 커뮤니케이션의 새로운 기술들을 비난한다. 바로 텔레비전, 인터넷 그리고 커뮤니케이션의 지배가 그것들의 제한 없는 현재를, 그리고 시뮬레이션과 분리 불가능한 그것들의 실재를 강요하면서 우리를 잘 잊는 사람으로 만든다고 말한다. 그러나 그것은 기술이 저지르는 것보다 더 많은 범죄들을 기술에 전가하는 것이다. 정보기계들은 그것들의 주인이 전달하도록 하는 것을 전달한다. 바로 주인에게서 문제의 원인을 발견해야 한다. 바로 제한 없는 힘의 순수한 집행 안에 정치가 흡수되는 것이 이 연속된 기억상실과 불확정에 빠진 추론의 실패를 강제한다. 세계 정부의 논리는 모든 차이들이 없어지는 비구별의 논리이다. 왜냐하면 그 정부는 무한하다고 상정된 악과 선후가 없는 테러만을 문제 삼기 때문이다.

"무한한 정의"는 예전에 그 때까지 정의를 규정하던 모든 구별들을 사라지게 만드는 이름이었다. 사적인 복수와 공적인 징벌, 전쟁과 경찰작전, 정치, 법, 도덕 그리고 종교가 모두 악에 맞선 선의 무한한 전쟁 안에 똑같이 파묻혔다. 지금 구별되지 않는 힘은 시간적 차이들이 폐지되는 가운데, 그리고 앞과 뒤, 원인과 결과, 수단과 목적이 모두 구분되지 않는 중단 없는 현재가 지배적인 가운데 영향력을 확장한다.

예전에 사람들은 힘이 항상 그것을 정당화하기 위해 사실들과 논거들을 찾는다고 말했다. 오늘날에는 사실들의 망각과 추론의 끝을 보는 것의 불가능함이 강력한 힘의 사용에 동반된다. 그것은 그것들이 강력한 힘의 의지에 더 잘 따르기 때문만은 아니다. 그것은 보다 급진적으로는 아마도 제한 없는 힘의 특징이 자신이 원하는 것을 더 이상 기억하지 못하고 자신이 그것을 기억할 수 있을 시간 자체를 파괴하는 것이기 때문일 것이다.

주

1 François Truffaut(1932–1984). 프랑스의 영화제작자.

2 저자 주 : Robert Redeker, "Les néopacifistes en guerre … contre la paix", *Le Monde*, 26 mars 2003.

3 Étienne de la Boétie(1530–1563). 프랑스의 정치철학자, 판사.

불안전의 원칙

2003년 9월

2003년 여름에 미국 정부가 이라크에서의 성공적인 전쟁의 예상치 못한 결과들에 직면했을 때 프랑스 정부는 예상치 못한 다른 적에 의해 곤경에 처했다. 그것은 한 달 사이에 1만 명이 넘는 사람들을 죽인 삼복더위였다. 이라크의 정치·군사적 한증막과 프랑스 여름의 비정상적 열기 사이의 관계는 무엇인가? 그것은 소위 선진국들 안에서 안전강박증이 점점 더 큰 역할을 한다는 것이 명백해진 것이다.

이라크 군사작전은 1시간 이내에 서구 국가들을 겨냥할 수 있는 대량파괴무기들을 소유한 깡패국가가 드러내는 위협에 대응하겠다는 명백한 목표를 갖고 있었다. 미국과 영국의 지도자들이 그들의 국민들에게 이 전쟁에 참여할 것을 독려하기 위해 꺼내 든 이 위협의 전설을 실제로 믿었을 가능성은 거의 없다. 그렇다면 왜 그들이 존재하지 않는다는 것을 알았던 위험에 맞서 전쟁을 할 필요가 있었는지를 아는 문제가 남는다. 우리 시대의 모든 분쟁 뒤에는 석유문제가 있다고 보는 전통적인 경제학적 설명에 만족하지 않는다면 아마도 문제의 용어들을 뒤집어야 할 것이다. 전쟁이 필요한 것은 불안전이라는 실제적이거나 상상적인 상황에 대응하기 위해서가 아니다. 그것은 국가들이 정상적으로 작동하는 데 필요한 이 불안전의 감정을 유지하기 위해서이다.

우리 사회들과 그것들의 정부들 사이의 관계에 대한 가장 널리 퍼진 분석들의 관점에서 보면 그것은 터무니없어 보인다. 그 분석들은 우리에게 현대 자본주의 국가를 상품과 커뮤니케이션의 흐름에 일치하는 점점 더 희석되고 보이지 않는 권력을 가진 국가로 묘사한다. 선진자본주의 국가는 자동적 합의의 국가, 대중민주주의 사회의 한복판에서 권력에 대한 집단적 협상과 쾌락들에 대한 개인적 협상 사이의 고통 없는 조정의 국가일 것이다. 그 국가는 분쟁들의 냉정화와 가치들의 투자 중단을 통해 작동한다.

분명히 무기들의 새로운 굉음, 신과 국기에 대한 갱신된 찬송가들, 그리고 국가 선전의 가장 조잡한 거짓말들의 귀환은 이 지배적 시각에 다시 문제를 제기한다. 상품이 제한 없이 지배하는 곳인 레이건 이후의 미국과 대처 이후의 영국에서 최적의 합의형태는 관리국가의 형태가 아니다. 그것은 보호경찰국가 주위에 모인 사회의 공포로 단단해진 형태이다. 합의의 환상들을 고발하면서 사람들은 여전히 합의적 국가를 사회적 평화를 유지하는 데 적합한 부의 재분배의 최소 형태들에 전념하는 심판국가의 전통 안에서 생각했다. 그런데 국가가 자본의 법이 자유롭게 돌아다니도록 놔두기 위해 사회적 규제라는 그것의 기능들에서 벗어나려는 경향을 갖는 곳에서 합의는 겉보기에는 더 고전적인 얼굴을 취한다. 완성된 형태를 가진 합의의 국가는 관리국가가 아니다. 그것은 그것의 본질의 정수로 축소된 국가, 즉 경찰국가이다. 이 국가를 지지하고 이 국가가 자신의 이익을 위해 미디어—그 국가의 선전을 지지하기 위해 그 국가에 속할 필요조차도 없는—의 도움을 얻어 관리하는 감정의 공동체는 두려움의 공동체이다.

“늙은 유럽”과 미국 정부의 갈등은 합의의 두 국가들을 대립시키는 분쟁일 수 있을 것이다. 그 분쟁에서 가장 “선진국”은 사람들이 생각하는 것이 아니다. 게다가 늙은 유럽에서도 불안전은 악의 축에 맞선 거대한 십자군의 형태보다 더 파편화되고 나아가 더 비틀린 형태들로 대두된다. 그래서 프랑스의 최근 대통령 선거는 서로 대립하는 불안전들 사이의 독특한 전투—또는 독특한 공모—처럼 나타났다. 극우의 후보자는 그의 모든 담론을 이민이 유발한 불안전이란 주제를 중심으로 구성했다. 우파의 후보자는 우파가 이 불안전에 맞서 효과적으로 싸울 수 있는 유일한 정당이라고 선언했다. 마지막으로 좌파는 우파의 후보자를 불안전의 최고 원인인 전체주의적 페스트의 위험에 맞선 민주주의의 마지막 방벽이라고 소개하면서 우파 후보자를 구하기 위해 날았다.

그 때 이후로 위협받은 민주주의의 방어와 위협하는 불안전에 맞선 싸움은 보다 신중히 이뤄지게 됐다. 프랑스 정부가 국가와 지역의 “근대화”를, 다시 말해 국가 사회비용의 경감을 우선시했기 때문이다. 그러나 불안전은 새로운 얼굴을 갖고 다시 나타났다. 8월 한달 동안 정부는 예측력이 없어서 수천 명의 노인들이 이상고온으로 죽도록 방치했다는 비난을 받았다. 무기력하게 자신을 방어하면서, 그리고 그 부주의의 실태에 대한 조사에 착수하면서 정부는 비와 좋은 날씨를 만드는 일은 할 수 없지만 최소한 다양한 계층의 국민들에게 기온변화의 영향력에 대해 미리 알려주는 일을 하라는 자신에게 가해진 여론을 사실상 인정했다.

여기에서 다시 우리는 겉보기에는 역설적이지만 논리적인 상황 앞에 놓인다. 정부가 자유주의 학설에 따라 세금을 경감하고 공중위생 비용을 삭감하며 사회보장의 전통적 체계들을 축소하려고 애를 쓰는 바로 그 순간에 정부는 기온변화가 유발할 수 있는 모든 사건들에 대한 책임을 진다고 인정한 것이다. 국가가 우리의 건강을 위해 일을 덜 하는 바로 그 순간에 국가는 우리의 삶을 위해 더 많은 일을 하기로 결정한 것이다.[1]

이 변화가 국가의 지출을 많이 줄일지는 확실치 않다. 그것이 바꾸는 것은 그보다는 개인들과 국가 사이의 관계이다. 어제까지만 해도 모든 공식 찬가들이 사회보장 체계들이 제공하는 소심한 "특권들"에 맞서 개인적 책임과 위험의 효용들을 노래했다. 그런데 사회보장 체계들의 약화가 다양한 형태의 위협들—테러와 이슬람주의뿐만 아니라 더위와 추위까지도—에 맞선 모든 형태의 안전에, 그리고 안전 일반에 책임이 있는 국가의 힘과 개인들 사이의 새로운 관계의 확립이기도 하다는 것이 오늘 명확히 드러나는 것 같다. 이 프랑스의 여름으로부터 남는 것은 더위가 그 자체로 사람들이 그동안 충분히 경계하지 않았던 위협이라는 감정이다. 그것은 우리가 위협들로부터 충분히 보호받지 못한다는, 따라서 우리는 알려진 위협들과 우리가 아직까지는 의심하지 않는 모든 위협들에 맞서 항상 더 보호받을 필요가 있다는 감정이다.

따라서 국민들의 보호와 관련해 정부가 스스로 인정하거나 사람들이 정부에게 책임을 돌리는 잘못들은 역효과를 낸다. 정부는 우리를 제대로 보호하지 않으면서 자신이 바로 그것을 하기 위해 존재하며 우리는 그 어느 때보다도 정부를 중심으로 뭉쳐야 한다고 표명한다. 미국 정부가 오랫동안 준비돼 온 테러에 맞서 자기 국민들을 지킬 줄 몰랐다는 것은 도처에 있는 보이지 않는 위협에 맞선 정부의 예방적 보호 임무를 너무 과도하게 정당화한다. 위험을 미리 알려주는 것과 불안전의 감정을 관리하는 것은 다른 것이다. 그런 관리에 대해 국가가 항상 더 전문가가 되어야 하는 것은 아마도 그것이 국가권력의 원리 자체이기 때문일 것이다. 지배적 의견은 안전논리의 발달 안에서 가난 때문에 광신주의와 테러리즘에 이르게 된 빈곤한 국민들의 반동적 태도들이 오늘날 선진사회에 가하는 위험들에서 기인한 일시적 방어반응을 발견하고자 한다. 그러나 군사-경찰작전과 현재의 안전 관련 규칙들이 선진사회들에 가해지는 항상적 위협을 만드는 부자와 빈자 사이의 이 간격을 축소시킬 것이라는 근거는 어디에도 없다. 이라크 다음에 이란이 점령당해도 부자국가들의 안전을 위협하는 "깡패국가들"은 아직도 60개가 넘는다.

그리고 특히 불안전은 우리 지역들에 있어서 사실들의 집합 이상이다. 그것은 집단적 삶의 경영양식이다. 천재지변 담론과 최소악에 대한 도덕들이 지식영역에서 밀려오는 것처럼 모든 형태의 위험, 위기, 재앙들—테러에서 이상기온까지—의 일반적인 미디어적 관리는 불안전이란 주제의 원천들이 무한하다는 것을 잘 보여준다. 이라크 군사작전에 적대적이었던 의식화된 여론은 부주의로 기후적·환경적·위생적 재앙들을 유발할 수 있는 국가의 정부들을 무찌르기 위한 목적의 작전들에 대해서는 아마도 덜 적대적일 것이다. 불안전의 감정은 과도기적 상황들에 기인한 낡아빠진 경직이 아니다. 그것은 불안을 둘러싼 상황들 자체를 순환적으로 재생산하고 갱신하려는 국가와 지구의 관리양식이다.

주

1 저자 주 : 그 이후로 보다 더 분명한 사례가 테리 샤이보(Terri Schiavo) 사건에 의해 제공됐다. 그 사건에서 미국 의회는 '세금삭감'과 '복지체계' 개혁이 한창이던 시기에 축제기간 중에 긴급히 모여서 인공 음식 삽입관을 다시 달도록 명령하는 특별법을 의결했다.

악의 새로운 픽션들

2003년 11월

악은 잘 지낸다. 악의 축에 맞선 싸움에 대한 부시식 연출의 그림자 뒤에서 수많은 픽션들이 오늘 십자군 전쟁의 이면을 연출하는 데 열중한다. 그것은 전 지구상에서 죽음의 비호자들을 추적하고 미국 심층부의 단풍나무가 심어진 큰 거리들과 근대적이고 화기애애한 고등학교들의 한복판에서 존경할 만한 시민들의 모습이나 모든 다른 사람들과 비슷한 청소년들의 모습을 한 그 비호자들을 재발견하는 미국의 방식이다.

악은 폭력이 아니다. 폭력은 다양한 방식으로 길들여진다. 한편에서 그것은 순수한 강력함으로 취급될 수 있다. 강력한 폭발음, 철철 흐르는 피, 화염에 무너지는 건물들은 엄청나게 높은 음이나 스펙터클한 카메라의 움직임들처럼 스펙터클—사람들은 거기에 들어갔던 그대로 나오게 된다—의 쾌락을 구성하는 순수한 강력함이다. 따라서 이 측면에서 보면 폭력은 별게 아니다. 반대로 다른 한편에서 폭력은 차이들과 원인들의 놀이에 적합하다. 좋은 폭력이 있고 나쁜 폭력이 있다. 예전에 경찰관, 보안관 또는 '프리랜서' 정의의 사나이들은 영화에서 단 하나 탐욕만의 법을 따르는 사람들의 폭력에 맞서 공동의 법이나 도덕의 폭력을 거리낌 없이 행사했다.

세계무대에서 사람들은 어긋난 형태를 가진 동일한 유형의 대립물을 재발견했다. 사르트르와 프란츠 파농[1]의 시대에 사람들은 억압하는 폭력과 해방하는 폭력이 있다고 말했다. 차이를 만들 수 있다면 그 이유는 폭력에 원인들을 부여하고 그 폭력을 보다 숨겨진 폭력, 질서와 소유의 폭력으로 되돌려 보낼 수 있었기 때문이다. 그로부터 정의에 필수적인 엄벌의 정치적 시나리오들과 폭력들의 충돌이라는 미적 시나리오들이 수립됐다.

분명 이 시나리오들은 오늘날 의혹의 대상이 된다. 마이클 무어[2]의 「볼링 포 콜럼바인(*Bowling for Columbine*)」은 그 의혹을 자기식으로 보여준다. "아무나 살 수 있는 무기들이 있기 때문에 범죄들이 있다"라는 주장은 두 논리들 사이에서 불안정하게 위치한다. 옛 논리에 따라 인과적 도식을 완성하기 위해서는 로비와 미국의 남성적 이상 사이의 이해관계들의 만남뿐만 아니라, 모든 것이 매매되는 사회의 사실 자체를 문제 삼아야 할 것이다. 원인들의 연쇄고리 중간에서 멈추는 것은 물론 소유권 자체에 대한 비판보다는 위험한 상품의 규제에 더 집착하는 좌파적 의식의 현대적 형태들에 부응한다. 또한 그것은 어떤 살인적 행위의 한정된 사실을 악의 무한한 사실에 귀속시키는 인과관계의 다른 형태에 자유로운 자리를 남겨준다.

실제로 악의 특성은 확고부동한 다른 악과 맞바꾸어서만 배상의 대상이 된다는 데 있다. 우리에게 악 일반에 대해, 그리고 특수하게 미국의 악에 대해 말하는 최근의 영화 세 편—「도그빌(*Dogville*)」, 「미스틱 리버(*Mistic River*)」 그리고 「코끼리(*Elephant*)」—에 공통된 모습이 있다. 이 영화들에서 악은 완전히 부재하거나(「코끼리」)

악의 공모자이다. 법은 고통받아야 할 희생자를 지정하고 깡패들이 고문집행자들을 벌주도록 한다(「도그빌」). 법은 정직한 가장/악당/정의의 심판자의 범죄를 처벌하지 않고 내버려둔다(「미스틱 리버」). 아마도 「도그빌」은 두 시대 사이의 간격이기도 한 두 논리 사이의 간격을 가장 잘 보여주는 영화일 것이다. 영화의 허구적 공간을 극장의 실제 공간에 근접시키는 추상적 연출, 도덕적 콩트들이기도 한 작은 장면들의 조합, 그리고 배경 목소리의 거리를 두게 만드는 역할은 라스 폰 트리에[3]가 우리에게 제안하는 우화의 연극적 기원을 상기시킨다. 이 연출의 원칙들은 브레히트[4]의 "서사극"을 물려받은 것이다. 그리고 선을 원하지만 행할 수는 없는 파란 눈을 가진 아가씨가 환상에서 벗어나는 이야기는 어쩔 수 없이 「성녀 잔 데자바투아(*Sainte Jeanne des Abattoirs*)」를 상기시킨다. 동일한 결론이 드러난다. 그것은 나쁜 사회에서는 선을 행하는 것이 불가능하고 폭력은 필수적이라는 것이다. 그러나 유사성은 거기에서 멈춘다. 시카고 대신에, 자본주의적 투기 대신에, 그리고 빈곤이나 노동자 봉기 대신에 미국 심층부에는 어떤 잃어버린 구멍이 있고 근접성의 서비스들이, 선한 사람들 안의 악의 평범함이 있다.

새로운 잔다르크는 더 이상 인간들의 속죄를 위해 자신의 생명을 바치고 계급투쟁의 세속적 현실을 발견하는 그리스도의 패러디가 아니다. 그레이스(은총)는 도스토예프스키에게 그리스도적 인물이 된다. 그녀는 다른 세상에서 보낸 사람으로 사회집단의 가장 낮고 가장 평온한 단위들 안에서 타인에게 가해진 착취와 모욕의 취향을 만난다. 사랑의 증거로 엉덩이를 때려달라고 요구하고, 곧이어 그레이스가 엉덩이를 때렸다고 비난하는 어린 제이슨의 사악함이 구현하는 악을 치료할 수 있는 투쟁은 아무것도 없다. 영화 끝에 자막이 올라갈 때 배경이 되는 사진들—대공황 시기와 예술가들의 사회참여를 증언하는 워커 에반스, 도로시 랭[5] 그리고 여러 다른 사진가들의 사진들—이 모호함 속에서 증언하는 것이 바로 그것에 대한 것이다. 그 사진들이 거기에 있는 이유가 이제는 정의의 심판자가 없는 사회적 불의를 상기시키기 위해서이거나 제임스 에이지[6]와 워커 에반스의 '유명한 사람들(*famous men*)'이 미국 심층부의 작은 괴물들이 됐다는 것을 알려주기 위해서인지는 잘 알려져 있지 않다. 그러나 한 가지는 분명하다. 그것은 그레이스가 만나는 악에 상응하는 것은 더 이상 사회적 투쟁이 아니라는 것이다. 선을 행하려는 의지는 더 이상 밝혀야 하는 순수함이 아니다. 그것은 벌을 줘야 하는 거만함이다. 복수를 자제하는, 그레이스의 아버지인 군주는 극단적 말살의 형태로 인류를 심판하는 악당들의 왕과 동일하다.

악과 정의에 대한 이러한 시각은 이를 갈게 만들었다. 그리고 그것은 미국의 시각만은 아니었다. 칸느 영화제의 위원장은 인간주의적 감정과 너무 동떨어진 영화에 상을 주는 것은 불가능하다고 분명히 말했다. 반대로 아마도 「미스틱 리버」는 칸느 영화제 심사위원들이 생각한 것 같은 인간주의의 기준들에 부응했을 것이다. 그러나 그것은 우리에게 "인간주의"도 변했다는 것을 보여준다. 옛날에 그것은 인간적이기도 한 취약함이 허용하는 만큼의 옳은 세상을 정비하는 인간의 능력에 대한 믿음이었다. 오늘날 그것은 오히려 그러한 정의가 불가능함을 증언하는 것이다. 우리는 올바를 수 있는 사치를 자신에게 지불하기에는 너무나 죄를 지었다. 그것이 영화 끝에 처벌받지 않은 살인자와 그의 비밀을 간직한 경찰이 교환하는 무언의 몸짓이 갖는 의미이다. 숀과 지미는 옛날에 자신들의 길거리 놀이에 소심한 데이브를 끌어들인 죄인들이며, 그를 가두고 강간한 가짜 경찰인 소아성애 도착자의 자동차에 그가 타도록 내버려둔 죄인들이다. 겪은 정신적 외상은 치유될 수 없다. 그리고 바로 이 치유될 수 없음의 논리 안에서 데이브는 지미의 딸을 살해했다는 모든 의심을 받게 되고 지미가 행한 즉결심판의 희생자가 된다.

영화의 모든 구조는 지난 30년 동안의 미국식 방식을 처음 시작한 영화들 중의 하나—「옛날에 서부에서」—의 작은 에피소드를 늘려놓은 것처럼 보인다. 세르지오 레오네[7]의 카메라는 우리가 무력한 아이의 시선 안에서 자신을 죽이려는 살인자의 결정을 읽도록 했다. 그것은 우리를 살인자의 쾌락과 피할 수 없는 것에 대한 아이의 기다림에 혼란스럽게 가담하도록 만들었다. 동일한 방식으로 「미스틱 리버」는 예고된 죽음의 긴 연대기이다. 아쿠아리움에서처럼 데이브가, 그리고 그 주위의 카메라가 도는 밤의 분위기, 지미와 그의 두 부하들의 거친 몸짓들과 울부짖음들 그리고 미친 듯한 오르간 소리는 이 죽음의 정신적이고 감정적인 풍경을 구성한다. 그 풍경은 거짓 죄인의 고전적 시나리오를 약속된 희생자의 시나리오로 전복시킨다. 우리는 모두 한 아이를 죽였다. 그를 끝장내는 것이 좋다. 영화의 교훈은 이렇게 요약될 수 있을 것이다. 그것은 영화가 연출한 교훈이자 연출의 교훈이다. 사람들은 클린트 이스트우드[8]에게 마이클 무어나 라스 폰 트리에의 "흑백논리"를 피했다는 칭찬을 했다. 이 "비흑백논리"를 더 가까이에서 바라보면 악의 이름으로 불의를 이렇게 받아들이는 것은 악의 축에 맞서는 지배적 담론과 동질적이다. 우리는 모두 야만인이고 모두 힘을 가진 살인자들이기 때문에 정의의 작품을 받아들여야 한다. 그러나 동일한 이유로 우리는 정의에게 너무 정의로울 것을 요구해서는 안 된다. 무한한 악에 맞선 투쟁은 아랍 도시의 변두리에서나 보스톤의 변두리에서나 반드시 낙오자들과 희생자들을 만든다.

「코끼리」는 정의에 대한 모든 생각과 모든 인과적 관점 밖에 위치한다. 클린트 이스트우드의 "프로이트주의"가 치유 불가능한 정신적 외상의 증명에 동일시된다면 그것의 프로이트주의는 우리에게 정신병 용어들로 된 설명을 제안할 것이다. 청소년들의 세계는 "순수한" 세계이며 원죄, 법 그리고 권위가 완전히 부재하는 세계이다. 술을 마시고 아들들에게 아이 취급을 받는 우울증 걸린 아버지는 부모 전체를 대표하는 유일한 사람이다. 그러나 어떤 심리적 인과관계도 그로부터 추론되지 않는다. 자격이 없는 아버지의 아들인 존은 죄인도 희생자도 아니다. 영화 내내 그의 등장은 부서진 서술의 연속성을 보장하는 증인의 등장일 뿐이다. 그리고 두 명의 살인자들은 어린 제이슨에 비하면 순진해 보인다. 친자관계와 그것의 문제들에 대한 어떤 심리학도, 악에 대한 어떤 신학도 사라진 정치·사회적 지평을 대신하지 않는다.

영화의 모든 원칙은 여기에 있다. 클린트 이스트우드의 표현주의적 연출이 우리에게 제공하는 정신적 외상의 두꺼움에 맞서 거스 반 산트[9]는 라스 폰 트리에처럼 연출을 하나의 관점의 엄격한 증명으로 만드는 개념적 추상화의 편견을 대립시킨다. 관점은 여기에서 다음과 같다. 범죄에는 이유들의 공백 자체 외에 다른 이유는 없다. 연출은 이 공백의 긴 표현이다. 고등학교는 이상하게 비어 있다. 살인자들이 그들의 장비를 쌓아두는 언어 실험실은 "자기를 비하하는" 청소년이 가로질러 가는 체육관처럼 텅 비어 있다. 교실들은 우선 살인하는 청소년이 마지막으로 자기 작품처럼 관조하는 이 공백을 제공한다. 카메라는 텅 빈 복도들에서 등이 촬영된 육체들의 돌고 도는 모습을 오랫동안 따라간다. 일관성이 없고 대부분 흐릿한 이 공간은 이미 화면의 공간과 비슷하다. 그 화면의 공간 위에서 두 청소년은 그들의 무기를 주문하고 그들 중 한 명이 살육 놀이를 실행하는 동안 다른 한 명은 그의 피아노로 베토벤 곡을 망쳐놓는 데 만족한다. 그 대신 화면 위의 비디오 게임의 인물처럼 알렉스는 죽음이 예정된 청소년 커플의 시선 아래 마지막에 나타난다. 예정된 죽음이지만 영화는 미결상태로 끝난다.

이 미결된 끝은 영화 전체의 방법을 상징한다. 차가운 방에서 고기 부산물들로 둘러싸인 알렉스는 두 청소년들에게 허용된/강제된 유예기간의 영원성을 즐긴다. 우리는 그들이 애원하는 목소리만을 듣는다. 우리는 물론 세르지오 레오네를 또 생각한다. 그러나 어린 살인자를 둘러싼 고기 부산물들은 우리가 영화의 역사 안에서 더 옛날로 거슬러올라가도록 만든다. 그것들은 에이젠슈타인[10]이 「파업」에 상징적으로 도입했던 도살장들—이것들에 대해 많은 영화인들이 어느 정도 은밀한 시각적 오마주를 바쳤다—을 상기시킨다. 그러나 여기에서 상징적 의미(고기, 피, 폭력)는 흡수된다. 컴퓨터 화면의 차가움이나 베토벤의 「월광」의 차가움처럼 복도들과 빈 교실들의 차가움을 압축한 차가운 방이 남는다. 마지막으로 영화에 의한 영화의 지칭만이 남는다. 정상성과 괴물성, 이성과 이성의 부재가 서로 동등하게 되는 이 차가운 방의 건설자인 연출가의 편견만이 남는다. 마지막 장면은 우리에게 이 모든 것이 영화일 뿐이라고 말한다.

살인자들의 연출과 영화인의 연출은 서로가 서로를 반영한다. 살인자들처럼 영화인도 중단원칙을 작동시킨다. 두 살인자들의 방과 화면에서처럼 그의 차가운 방에서 복도 안의 무한한 배회와 텅 빈 말들—세 마리 작은 앵무새들의, 또는 동성-이성 연합의 말들—의 끝없는 순환은 막히고, 갇히며, 폐쇄원칙에 복종한다. 영화의 교훈은 여기에 있다. 그것은 나쁜 중단에 응답하는 좋은 중단일 것이다. 사람들은 "전쟁이 아니라 사랑을 하라"라고 폭력의 시대에 말했다. "학살이 아니라 영화를 하라"는 거스 반 산트에게 있어서 악의 시대에 알맞은 윤리의 말이 될 것이다. 불행히도 모두가 영화를 할 수는 없다.

주

1 Frantz Omar Fanon(1925-1961). 마르티니크 출신의 프랑스 정신분석학자, 철학자, 반식민주의 운동가.
2 Michael Moore(1954-). 미국의 다큐멘터리 영화제작자.
3 Lars von Trier(1956-). 덴마크의 영화감독.
4 Bertolt Brecht(1898-1956). 독일의 극작가, 시인.
5 Dorothea Lange(1895-1965). 미국의 사진가.
6 James Agee(1909-1955). 미국의 시인, 소설가.
7 Sergio Leone(1929-1989). 이탈리아의 영화감독.
8 Clint Eastwood(1930-). 미국의 배우, 영화감독.
9 Gus Van Sant(1952-). 미국의 영화감독.
10 Sergei Eisenstein(1898-1948). 러시아의 영화감독.

범죄적 민주주의?

2004년 3월

몇 달 전에 프랑스에서는 『민주적 유럽의 범죄적 경향들(*Les Penchants criminels de l'Europe démocratique*)』이라는 미심쩍은 제목을 단 책이 등장했다. 저자인 장 클로드 밀너[1]는 독자들에게 그가 보기에 민주주의가 어떤 범죄를 저질렀는지를 오래되지 않아 알려줬다. 그는 철학과 언어학의, 정신분석학과 역사학의 모든 자원들을 동원해 아주 섬세하게 증명하면서 간단한 주장을 확언했다. 유럽 민주주의가 그 안에 담고 있던 범죄는 간단히 말하면 유럽 유태인들의 말살이었다. 이 말살을 계획했던 나치 체제가 스스로를 바로 민주주의라고 선언하지 않았다고 대답하는 것은 불필요한 일이다. 논증은 정확히 거꾸로 돼 있었다. 밀너에 따르면 1945년 이후에 민주주의 원칙에 기대 유럽을 건설하는 것을 가능하게 만든 것은 바로 나치주의가 그 도래를 방해하던 것을, 즉 유럽의 강한 유태인 공동체를 그 전에 제거했다는 사실이었다.

통제할 수 없는 역사적 논증은 분명히 다음과 같이 제시된 이론적 논증을 바탕으로 해야 했다. 근대 민주주의의 지배는 자신의 권력의 어떤 한계도 더 이상 인정하고 싶지 않은 사회의 지배이다. 이 무제한은 자연과 인공 사이의 마지막 차이를 없애고 동성애 부부에게 '시험관' 아이를 주는 유전자 조작의 현대적 꿈들 안에서 특히 잘 나타난다. 그런데 근대 민주사회가 자신의 무한한 권력을 친자관계의 폐지에까지 이르게 하려는 경향은 완강한 적을 만난다. 친자관계와 상속의 원칙을 중심으로 모인 민족, 즉 유태인 민족이 그것이다. 그것으로부터 아주 자연스럽게 결론이 도출됐다. 즉 유럽의 유태인들을 말살시키면서 히틀러는 민주주의의 은밀한 꿈을 실현시켰고 민주주의의 유럽 지배를 허용했다는 것이다.

이 증명은 아무리 극단적이라도 오늘날의 정치적·철학적인 사고의 환경 안에 어려움 없이 포함된다. 1980년대에 그 환경 안에서 발생한 주요한 전환점은 알려져 있다. 그 때까지 소위 서구 세계는 민주주의를 법 정치적 체계로 보는 특정한 생각에 매달려 있었다. 어떤 사람들은 민주주의의 보편주의적 권리와 개인적 자유들을 전체주의적 구속과 대립시켰다. 다른 사람들은 민주주의의 보편적 형태들 안에 있는 경제적 착취와 계급 지배의 현실을 고발했다. 형식적 민주주의에 맞선 실제적 민주주의, 또는 반대로 전체주의에 맞선 민주적 인권들, 이것이 당시의 환경이었다. 그 대립으로부터 아마도 몇 가지 성찰들이 이뤄졌을 것이다. 도래한 실제적 민주주의의 지지자들은 자유민주주의의 예찬자들보다는 형식적 자유들의 보호에 대해 더 세심한 모습을 보일 수 있었다. 자유민주주의의 예찬자들은 종종 그들 나름대로 민주주의의 취약함이나 지나침이 전체주의 체제의 도래에 책임이 있는 것으로 봤다. 그러나 유태인들의 말살이 민주주의 원칙의 직접적 실현이라는 생각과 그것 사이에는 큰 차이가 있다.

이처럼 당황스러운 논리를 한발 뛰어넘기 위해서는 정치적 사고의 환경이 심각하게 뒤집혀야 한다. 이 뒤집힘은 분명히 일어났다. 하지만 또한 그것은 처음 보기에 역설적인 형태를 가졌다. 한편에서 전체주의의 고발은 1980년대 이후로 그 전보다는 더 급진적이고 더 집요하게 이뤄졌다. 그러나 다른 한편에서 고발된 전체주의와 민주주의 사이의 구별은 점점 더 미묘해지는 경향이 있었다.

한편에서 소비에트 체계의 종말은 공산주의의 모든 역사를 두꺼운 "검은 책들" 안에 꼼꼼히 기록한 단 하나의 긴 범죄목록으로 만드는 세밀한 목록을 동반했다. 동시에 나치의 민족말살은 완전히 새로운 관심을 유발했다. 이 관심은 수많은 증언들에서 나타났을 뿐만 아니라, 죽음의 수용소를 지난 2세기의 모든 역사를 다시 생각하도록 만드는 급진적 사건으로 만드는 사조에서 나타났다.

바로 거기에서 역설이 나타난다. 사람들은 소비에트적 대안의 붕괴와 나치와 소비에트의 범죄에 대한 새로운 결산표가 민주주의의 덕목들에 대한 서구의 약한 믿음을 강화시킬 것이라고 믿을 수 있었다. 그러나 반대로 전혀 그렇지 않았다. 이 체제들의 범죄들이 새롭게 알려짐에 따라 서구적이고 민주적인 인권의 옛 예찬자들은 자신들의 과거 우상에 대해 등을 돌렸다. 역사학자 프랑수아 퓌레처럼 소비에트의 범죄들을 고발하는 데 가장 집요했던 사람들은 거기에서 프랑스 대혁명의 직접적 결과를 본 첫 번째 사람들이었다. 사람들은 여전히 사실 혁명적 "인민정부"의 지나친 일들을 비난하고 미국의 자유혁명이 선언한 인권들에 그것들을 대립시킬 수 있었다. 그러나 바로 이 인권들 자체가 곧 의심을 받게 됐다. 그 때는 미국 사회학자들이 대니얼 벨[2]의 뒤를 이어 모든 공공 권위의 형태를 파괴하는 대중 개인주의의 폐해를 고발하던 때였다. 그들의 뒤를 이어 마르셀 고

쉐[3]같은 프랑스 정치학자들이 인권을 권위뿐만 아니라 정치공동체의 의미 자체의 파괴자인 이 대중민주적 개인주의의 상투어로 만들었다.

이렇게 전통적 대립들은 조금씩 사라지는 경향이 있었다. 혁명적 군중들의 분출은 민주사회의 이기주의적이고 자기애적인 개인들의 분산과 동일하게 됐다. 그리고 민주적 "관계끊기"는 전체주의적 재앙과 동일하게 됐다. 따라서 사람들은 조르지오 아감벤[4]과 함께 인권 안에서 시민적 정체성과 벌거벗은 삶의 혼동을 보여주고 인권의 논리가 나치의 민족말살과 우리 민주주의의 평범함 안에서도 완수되는 것을 볼 수 있었다. 또한 사람들은 장 클로드 밀너와 함께 민주주의를 민족말살의 원리 자체로 만들 수 있었다.

따라서 문제는 전체주의와 더 이상 구분되지 않는 이 민주주의에 어떤 좋은 정부의 형태를 대립시키는지를 아는 것이다. 어떤 사람들은 그것을 공화국이라 부르고 좋은 공화국 정부의 덕목을 자기들의 쾌락으로만 규제되는 민주적 개인들의 무정부주의와 대립시킨다. 장 클로드 밀너는 보다 선명한 용어를 선택한다. 그는 그것을 목자의 정부라 부른다.

그렇게 하면서 그는 우리에게 민주주의에 대한 현재 담론들의 아주 오래된 기원을 상기시킨다. 바로 플라톤이 『공화국』 안에서 민주도시의 그림을 대략적으로 그렸다. 그리고 그것을 우리의 사회학자들이 무한히 다시 취한다. 민주주의는 모두가 자유롭고 기분 내키는 대로 하는 매력적인 체제라고 그는 우리에게 말한다. 남자들뿐만 아니라 여자들과 아이들도, 그리고 심지어 말들과 당나귀들도 그들의 민주적 자부심으로 길을 점령하고 행인들을 떠민다. 항상 더 많은 것을 원하는 노동자들과 새로운 쾌락들에 취한 실업자들이 말도 안 되는 요구들로 공화국 공동체를 파괴하는 무한한 쾌락의 사회에 대한 너그러운 묘사들이 우리에게 말하는 것은 바로 항상 이 온순하지 않은 민주적 당나귀에 대해서이다. 그러나 온순하지 않은 당나귀에 대한 고발은 아마도 더 깊이 있는 문제를 감추고 있을 것이다. 민주주의에서 통치자들은 피통치자들의 모습을 띠고 있고 피통치자들은 통치자들의 모습을 띤다고 플라톤은 우리에게 말한다. 따라서 우리는 민주주의의 진정한 문제는 대중들의 분노나 개인들의 방종 안에 있는 것이 아니라는 것을 이해한다. 그 문제는 통치한다는 사실이 출생, 나이, 지식 또는 어떤 다른 명시적 우월성에 의해 주어진 어떤 지위에도 기반을 두지 않은 순전히 우연한 것처럼 나타난다는 것에 있다. 민주주의는 어떤 개인과 어떤 집단도 다른 사람들을 통치할 지위를 갖지 않는다는 생각에 바탕을 둔 통치형태이다.

이 아무나의 우연한 정부는 플라톤이 보기에는 거꾸로 돌려진 세계에 대해 증언한다. 신이 이끄는 세계가 좋은 방향으로 가던 시대가 있었다. 권력은 거기에서 자신의 양떼들에게 좋은 것이 무엇인지를 아는 목자의 식견 있는 배려와 유사했다. 바로 이 목자의 정부 안에서 엘리트들은 양떼에 대해 아버지처럼 염려하고 양떼의 고유한 반항적 기질들—서구에서는 오늘날 더욱 큰 목소리로 그 기질들을 꿈꾼다—에 맞서 양떼를 보호한다. 이 목자들을 누가 교육할 것이고 그들의 지혜를 무엇으로 식별할 것인지를 아는 것은 더 알 수 없는 일이다.

주

1 Jean-Claude Milner (1941-). 프랑스의 언어학자, 철학자.

2 Daniel Bell (1919-). 미국의 사회학자.

3 Marcel Gauchet (1946-). 프랑스의 역사학자, 정치학자.

4 Giorgio Agamben (1942-). 이탈리아의 철학자.

미셸 푸코의 어려운 유산

2004년 6월

미셸 푸코가 죽은 지 이 달로 20년이 됐다. 프랑스 사람들이 좋아하는 것처럼 기념을 할 새로운 기회이다. 그렇지만 이 기념일은 4년 전 사르트르의 그것보다 더 문제가 있다. "극단주의적" 주장들을 한 도발적 철학자의 경우에는 그를 자유의 친구들인 저술가들과 사상가들의 국립묘지 안에 안치시키기 위해 대대적인 규모의 화해작전이 이뤄졌었다. 푸코의 경우는 더 복잡하다. 이 철학자 또는 활동가에게는 그의 덕목들을 고려해서 용서해야 할 정도로 지나친 점이 없다. 왜냐하면 이 활동가에게 무엇을 비난해야 할지, 이 철학자에게 무엇을 인정해야 할지를 잘 알지 못하기 때문이다. 보다 근본적으로는 사람들이 그 둘 사이의 관계를 어떻게 파악해야 할지를 잘 모른다.

이 불확실성은 푸코의 유산에 대한 논쟁들로 나타난다. 그것들 중 하나는 성적 소수자들의 입장과 그의 관계에 대한 것이다. 『앎의 의지(*La volonté de savoir*)』는 실제로 도발적 주장을 담고 있었다. 즉 소위 "성적 억압"이란 것은 성에 대해 말하게 만들고 개인들에게 자신들이 갖고 있던 비밀들과 약속들에 과도하게 열중하도록 강제하면서 권력이 행사되던 정반대 활동의 가면이었다는 것이다. 이것으로부터 특히 미국에서 사람들은 성적 소수자들이 이끌던 정체성 정책들의 무효를 쉽사리 연역해냈다. 데이비드 헬퍼린[1]의 『성자 푸코』와 함께 반대로 푸코는 동성애 혐오 전통에 의해 만들어진 성정체성 놀이를 고발하는 '퀴어' 운동의 성스러운 지도자 자리에 올랐다. 프랑스에서 논쟁은 다른 영역에 대해 전개됐다. 푸코의 『말한 것과 쓴 것(*Dits et Ecrits*)』의 두 편집자들 중 한 명인 프랑수아 에발드(François Ewald)는 실제로 오늘날 프랑스 사회보호 체계에 반대하는 투쟁에 위기의 도덕이란 이름으로 참여한 사용자 조합의 정식 이론가이다. 여기에서 논쟁자들을 흥분시키는 질문이 나온다. "통제사회"에 대한 푸코의 비판으로부터 사회보장제도에 반대하는 투쟁 프로그램을 도출할 수 있는가?

어떤 사람들은 푸코의 정치가 가진 철학적 기반들을 밝히면서 이 논쟁들을 초월하고자 한다. 그들은 푸코가 한때 대략적인 그림을 그린 생권력(biopouvoir)의 분석 안에서 일반적으로 그것들을 찾는다. 마이클 하르트,[2] 토니 네그리[3]와 같은 사람들은 생정치를 제국의 굴레를 부수는 다중들의 운동에 동일시하기 위해 푸코 자신은 전혀 발전시키려는 생각을 하지 않았던 생명철학의 토대를 푸코에게 준다. 조르지오 아감벤 같은 사람들은 푸코가 묘사한 "삶에 대한 권력"을 민주주의와 전체주의에 공통된 특별한 상태의 일반화된 체제에 동일시한다. 다른 사람들은 여전히 푸코를 윤리의 이론가로 만들고, 우리에게 고대 금욕주의에 대한 그의 박식한 연구들과 사우나의 현대적 쾌락들에 대한 그의 작은 비밀 이야기들 사이에서 주체의 새로운 도덕의 원칙들을 발견하라고 말한다.

이 모든 시도들은 공통점이 있다. 그것들은 푸코의 여정 안에서 전체의 일관성을 보장하고 새로운 정치나 참신한 윤리에 단단한 기반을 제공할 수 있는 목적성의 원칙을 규정하고자 한다. 또한 그것들은 푸코가 행동규칙들을 가르치기 위해 앎을 종합하는 철학자의 생각을 확언하는 것을 보고자 한다.

그런데 푸코가 그의 단언들을 통해서, 그리고 더더욱 그의 행보를 통해서 문제 삼았던 것은 바로 이 철학자의 생각이자 앎, 사상 그리고 삶 사이의 일치라는 생각이다. 그가 우선 만든 것은 바로 철학을 하는 참신한 방식이다. 현상학이 우리에게 추상작업의 마지막에 "사물 자체"와 "삶의 세계"에 대한 접근을 약속했을 때, 그리고 몇몇 사람들이 이 약속된 세계를 맑스주의가 노동자들에게 약속한 세계와 일치시키고자 하는 꿈을 꿨을 때 그는 최대한의 간격을 실천했다. 그는 삶을 약속하지 않았다. 그는 삶의 한복판에 있었다. 그는 경찰들의 결정, 수감자들의 고함 또는 환자들의 신체검사 한복판에 있었다. 그러나 그는 우리에게 우리가 이 "삶"을 갖고, 그의 지식을 갖고 할 수 있는 것에 대해 말하지 않았다. 오히려 그는 그 안에서 해방된 내일의 희망을 지탱하는 의식에 대한, 그리고 인간에 대한 담론들의 실제로 실행된 반박을 보았다. 그 어떤 "구조주의" 이론가보다 더 푸코는 사회와 우리의 생각을 피할 수 없는 익명적 작동들에 의해 규정되는 기계로 만드는 기술관료주의의 사상가라는 비난을 받았다.

사람들은 어떻게 1968년에 만사가 뒤바뀌었는지를 안다. 뱅센느 대학의 설립과 감옥에 대한 조사단체의 설립 사이에 이 구조주의 "기술관료"는 반권위운동을 하는 지식인들의 제1열에 서게 됐다. 모든 것은 갑자기 명백해 보였다. 의료권력의 탄생과 광인들과 소외자들의 대규모 감금을 분석했던 사람이 생산관계와 국가의 가시적 제도들뿐만 아니라 사회집단에 분산된 모든 권력형태들도 공격하는 운동을 상징하는 성향을 갖게 됐다. 사진 한 장이 이 논리를 요약해 보여줬다. 거기에는 마이크를 든 푸코가 그의 옛 적인 사르트르 옆에서 인종주의 범죄를 고발하기 위해 모인 시위자들에게 연설을 하고 있는 모습이 담겨 있었다. 사진에는 "철학자들이 거리에 나서다"라는 제목이 붙어 있었다.

그러나 한 철학자가 거리로 나섰다고 해서 그의 철학이 그 운동의 기반이 되는 것은 아니다. 그 자신의 현존도 그렇지는 않다. 푸코가 실행한 철학적 이동은 바로 실증적 앎, 철학적 의식 그리고 행동 사이 관계들의 어긋남을 내포했다. 실제적 생각이 육체에 작용하도록 만드는 실제 작동들에 대한 조사에 몰두하면서 철학은 그것의 중심 위치를 포기한다. 그러나 철학이 전달하는 앎은 맑스주의 식의 어떤 대중무기도 규정하지 않는다. 그것은 단지 실제적이고 중심을 벗어난 생각의 영역에 대한 새로운 지도일 뿐이다. 그것은 봉기에게 어떤 의식도 제공하지 않는다. 그러나 그것은 그것의 이성 망이 다른 것들의 이성 망을 만나게 해준다. 여기저기에서 자신의 고유한 앎과 자신의 고유한 이성들에게 기계를 멈추는 모래알을 집어넣도록 허용하는 것들의 이성 망을 말이다.

따라서 권력관계들과 사상의 작동들에 대한 고고학은 복종만큼이나 봉기의 기반도 만들지 않는다. 그것은 영토들과 지도들을 재분배한다. 사상을 그것의 성대한 자리에서 빼내면서 그것은 각자와 모든 이의 생각의 권리를 인정한다. 특히 "천한 사람들"의 생각의 권리를 말이다. 푸코는 그들의 삶을 쓰는 일을 시도한 바 있었다. 그러나 동시에 그것은 모두에게 반환된 이 생각이 앎과 권력 사이의 대면의 중심부에 위치하는 것을 금지한다. 이것은 정치가 사방에 분산된 권력관계들의 증가 안에서 실종된다는 것을 의미하지는 않는다. 그것은 정치가 항상 어떤 앎도 정당화하지 않고 어떤 앎도 면제해 주지 않는 도약이라는 것을 의미한다. 모든 앎에서 모든 개입까지 이동은 하나의 독특한 중계, 용납할 수 없는 것의 감정을 전제한다.

푸코는 1971년 감옥에 대한 조사단체를 만들면서 "감옥 안에서의 상황은 용납할 수 없다"라고 선언했다. 이 "용납할 수 없는 것"은 앎의 명백함에서 도출되지 않으며, 그것에 일치하도록 강제될 수도 있는 어떤 보편적 의식에게도 말을 건네지 않는다. 그것은 단지 "감정"일 뿐이다. 아마도 동일한 감정이 철학자로 하여금 그것이 그를 어디로 이끄는지도 모른 채, 다른 사람들을 어디로 이끌지는 더더욱 모른 채 고문서들의 알려지지 않은 영역에 관여하도록 만들었을 것이다. 그렇지만 몇 달 뒤 철학자의 용납할 수 없는 것은 몇몇 프랑스 감옥들에서 봉기한 수감자들이 자신들의 고유한 앎을 기반으로 자신들의 고유한 무기들을 갖고 선언한 용납할 수 없는 것을 만나게 됐다. 생각은 행동으로 전달되지 않는다. 바로 하나의 생각이 하나의 생각으로 전달되며 하나의 행동이 다른 행동을 유발한다. 생각은 그 자신을 부추기는 것이 무엇인지를 잘 알지 못한다는 것을 받아들이고 생각의 효과들에 대한 통제권을 갖는 것을 포기하는 한에 있어서 작동한다.

이 역설을 푸코 자신이 완전히 받아들이는 데 어려움을 겪은 것처럼 보인다. 우리는 그가 오랜 시간 동안 글 쓰는 것을 중단했다는 것을 안다. 그것은 『앎의 의지』를 쓴 바로 뒤였다. 이 책을 둘러싸고 오늘날도 해석자들이 싸운다. 이 책은 원칙적으로 『성의 역사』의 도입부였다. 책은 『성의 역사』의 의미를 미리 요약했다. 푸코는 미리 그려진 이 길에 대해 겁을 먹었던 것처럼 보인다. 죽음의 임박 때문에 『쾌락의 사용(*L'Usage des plaisirs*)』과 『자기 배려(*Le Souci de soi*)』를 출판할 수밖에 없게 되기 전에 그는 인터뷰 외에는 어떤 것도 출판하지 않았다. 이 인터뷰들에서 물론 사람들은 그에게 고문서들에 대한 그의 끈기 있는 조사들과 폴란드에서의 억압에 대한 그의 개입을, 주체성에 대한 그리스의 테크닉들에 대한 몰두와 조합연맹과의 작업을 연결시키는 것이 무엇인지를 물었다. 그의 모든 답변들은 우리가 느끼듯이 그의 작업 자체가 파괴했던 거장의 자리를 다시 끌어들이는 미끼들이었다. 그의 글들에서 '퀴어' 혁명의 원칙, 다중들의 해방원칙, 또는 개인의 새로운 윤리원칙을 도출하는 그 모든 합리화 작업들의 경우에도 마찬가지이다. 정치나 새로운 윤리를 세우는 푸코의 사상은 없다. 우리가 해야 할 일을 우리에게 말해주지 않는다는 점에서 효과가 있는 책들이 있다. 시신을 염하는 사람들은 어려움을 겪을 것이다.

주

1 David M. Halperin(1952–). 미국의 젠더 이론가.
2 Michael Hardt(1960–). 미국의 정치철학자.
3 Toni Negri(1933–). 이탈리아의 정치철학자.

거짓말의 새로운 이유들

2004년 8월

초여름에 한 사건이 프랑스를 뒤흔들었다. 변두리 기차 안에서 아기와 함께 여행하던 한 젊은 여성이 북아프리카인들과 흑인들로 구성된 청소년 무리에 의해 강탈과 폭행을 당했다. 그들은 그녀의 신분증을 훔친 뒤 그녀가 "부자 동네"에서 태어났다는 것을 알고 그녀가 유태인이라는 결론을 내렸다. 결국 강도질은 반유태인 공격으로 변했다. 그들은 칼로 그녀의 얼굴에 나치 문장을 표시하고 그녀의 머리카락을 야만적으로 잘랐다. 기차 안의 어떤 승객도 젊은 여성과 아기를 보호하기 위해 나서지 않았고, 심지어는 간단하게 할 수 있는 비상벨도 누르지 않았다.

48시간 동안 정치책임자들의 선언들과 신문들의 논평들이 줄을 이어 등장했다. 청소년 무리의 공격보다도 승객들의 수동성이 분노를 불러일으켰다. 청소년들의 잔인한 행동은 불행히도 너무 설명 가능한 현실처럼 나타났다. 신문의 지면들은 대부분 이민의 결과인 변두리 작은 청년 무리들의 나쁜 짓들을 끊임없이 상기시켰다. 이슬람 공동체와 유태인 공동체 사이의 긴장도 최근 몇 달 동안의 유태인들과 유태 기구들에 대한 공격처럼 현존하는 현실이다. 그러나 어떻게 승객들의 공모적인 수동성을 설명할 것인가? 《르몽드》는 두 종류의 논평을 실었다. 한 사회학자는 변두리의 북아프리카 청년들이 사회가 자신들에 대해 만드는 이미지를 사회로 되돌려 보냈다고 설명했다. 거칠고 남성우월적이며 광신적인 청년들의 이미지를 말이다. 한 논설위원은 승객들의 행동이 훨씬 더 심각한 어떤 것을 보여준다고 논평했다. 가장 전통적인 집단적 가치들의 붕괴와 집단적 비겁함의 현상이 그것이다. 사건은 이렇게 사회에 이중 해체의 이미지를 돌려보낸다. 한편에는 야만적인 작은 무리들이 있고, 다른 한편에는 이기주의적 개인들의 무기력한 대중이 있다.

이틀 뒤에 모든 사건이 순전히 날조였다는 사실이 알려졌다. 젊은 여성은 이 연출을 통해 그녀의 문제들에 별로 관심이 없는 남자의 주의를 끌고 싶었던 것이다.

거짓 뉴스는 세상만큼이나 오래된 것이다. 공동체들 사이의 갈등의 틀 안에서 그것을 사용하는 것도 마찬가지이다. 그렇지만 그 사용은 거짓말의 새로운 체제를 증언하는 것처럼 보인다. 실제로 대중 거짓말의 두 가지 전통적 형태들은 이미 널리 알려져 있다. "민간 소문"의 형태가 있다. 예를 들어 중세에는 유태인들이 제식에서 죽이기 위해 아이들을 유괴한다는 소문이 있었다. 그리고 국가나 다른 권력에 의해 의도적으로 만들어진 거짓말의 형태가 있다. 그것은 권력의 이익을 위해 희생양 역할을 하는 공동체에 대한 증오를 불러일으키는 것이다.

젊은 마리 레오니의 거짓말은 이 두 경우 중 어느 것에도 포함되지 않는다. 오늘날 정보기계는 모든 민간 소문보다 더 빨리 움직인다. 그리고 우리의 합의적 정부들은 공동체들 간의 전쟁에 양분을 제공할 어떤 이유도 갖고 있지 않다. 따라서 사람들은 여기에서 인민 대중의 "고지식함"도, 권력자들의 변태적 상상력도 비난할 수 없다. 그러나 이 거짓말은 순전히 개인적 창작물은 아니다. 그것은 사적 목적들을 위해 "사회현상"을 흉내낸 방식 자체를 통해 거짓의 새로운 형태를 보여준다. 이 형태는 어떤 지나침이나 부족함에 연결된 것이 아니라 정보기계의 정상적 작동에, 우리 사회의 정보와 권력 사이의 정상적 관계에 연결된다. 인종주의 공격의 "개인적" 발명은 사건들을 제작하고 해석하는 사회적 기계가 어떤 점에서 그 사건을 기다렸기 때문에 가능했고 그럴 듯할 수 있었다.

문제를 분명히 하자. 일부 미디어 비평가들처럼 텔레비전 화면이 현실과 시뮬라크르를 동등하게 만든다고 말하는 것이 문제가 아니다. 그리고 사건들의 영상들이 사건들 없이도 존재하기 때문에 사건들이 진짜로 존재할 필요가 없다고 말하는 것이 문제가 아니다. 그 비평가들이 무슨 말을 하든 미디어 권력의, 그리고 권력에 의한 미디어 사용의 핵심을 구성하는 것은 영상이 아니다. 정보기계의 핵심은 바로 해석이다. 가짜일지라도 사건들이 필요한 이유는 그것들의 해석이 이미 존재하며, 그 해석이 사건들에 앞서 존재하며 사건들을 부르기 때문이다. 이 관점에서 증인들의 "비겁함"에 대한 만장일치의 분노는 의미심장하다. 어떤 증인도 나타나지 않았다는 사실로부터 어떤 해설자도 다음과 같은 가장 간단한 결론을 내릴 생각을 하지 않았다. 만약 사건에 대한 어떤 증인도 아무 일도 하지 않았다면 그것은 아마도 아무것도 할 일이 없었기 때문이며 사건이 일어나지 않았기 때문일 것이다. 도덕주의 기자들의 눈에 참을 수 없는 것은 아무것도 일어나지 않았다는 생각 자체이다. 사건의 부재이다. 따라서 해석은 거꾸로 뒤집어져야 한다. 증인이 없다면 그것은 증인들이 비겁함을 보였기 때문이다. 그리고 이 비겁함은 사건의 핵심 자체가 되고 문제시되는 사회현상이 된다.

기계가 돌아가려면 항상 사건들이 있어야 한다. 그것은 단순히 신문을 팔기 위해 깜짝 놀랄 만한 것이 있어야 한다는 의미가 아니다. 단지 신문을 잔뜩 찍어대서는 안 된다. 해석기계에 재료를 제공해야 한다. 해석기계는 항상 무슨 일이 일어나는 것만을 필요로 하는 것이 아니다. 그것은 어떤 유형의 일들이 일어나는 것을 필요로 한다. 그것은 사람들이 "사회현상"이라고 부르는 것으로 사회의 어떤 지점에서 평범한 사람들에게 일어나는 특별한 사건들이며, 또한 사회의 전반적 방향이 읽힐 수 있는 증후들을 구성하는 사건들이다. 그것은 해석을 요구하지만 이미 사전에 존재하는 해석을 요구하는 사건들이다. 왜냐하면 결국 해석은 두 가지 점에서 항상 동일한 설명으로 귀결되기 때문이다. 첫 번째, 근대 사회에는 문제가 있다. 왜냐하면 사회가 충분히 근대적이지 않기 때문이며, 항상 전통적인 부족적 가치들을 담고 있는 아직 진정으로 근대적이지 않은 집단들이 있기 때문이다. 두 번째, 근대 사회에는 문제가 있다. 왜냐하면 사회가 너무 근대적이기 때문이며, 사회가 전통적 사회들을 특징짓는 집단적 연대의 의미를 너무 빨리 잃어버리고 사회 안에서 모두가 모두에게 무관심하기 때문이다. 아직 사회화되지 않은 변두리의 젊은 거주자들의 야만적 행위, 대중교통의 평범한 승객들의 무관심을 보라. 마리 레오니가 겪은 상상적 공격의 놀라움은 해석하는 기계의 작동의 평범함을 반복할 뿐이다.

단지 판매량이나 시청률의 힘든 법칙에 종속된 미디어들에 가해지는 제약이 문제가 아니다. 사회적이고 국가적인 기계의 실행 양식과 정당화 양식이 문제이다. 그것이 프랑스 통치자들의 반응에서 나타난 신속함, 나아가 경솔함의 이유이다. 그들이 공동체들 사이의 다툼을 불러일으킬 수 있는 뉴스를 유통시킬 이유가 전혀 없다는 것은 사실이다. 그러나 그들은 그 다툼을 낳을 수 있는 모든 것에 대해 신경을 쓴다는 것을 보여줄, 그리고 공동 집단의 병으로 이해되는 모든 "사회현상"에 주의를 기울인다는 것을 보여줄 중대한 이유를 갖고 있다. 우리의 정부들은 군중을 자극하기 위한 거짓말을 할 필요가 없다. 그러나 그들도 사건들과 해석들이 필요하다. 왜냐하면 사건들의 계속된 수집과 증후들의 쉼 없는 독해는 그들의 정당성 자체이기 때문이다. 합의적 질서는 대가족의 질서처럼 재현된다. 그 안에서 우두머리들은 우선 징후가 있는 병의 모든 증상들에, 나아가 집단적 건강에 위험한 환상들을 낳을 수 있는 불만의 모든 증상들에 주의를 기울이는 의사들이다. 거짓 증상에 신경을 쓰는 위험은 진짜 증상을 놓치는 위험, 특히 증상들에 관심을 갖는 것처럼 보이지 않는 위험보다는 더 적다. 정부의 아버지 같은 걱정은 이처럼 검진과 자기 해석의 임무에 지치지 않고 몰두하는 사회의 활동과 조화를 이룬다. 본질적인 것은 항상 해석해야 할 사건들이 있고 항상 해독해야 할 증상들이 있다는 것이다. 유명한 연극의 농담에 따르면 잘 지내는 사람은 잠재적인 환자이다. 이 논리는 오늘날 사회의 전반적 논리가 됐다. 비사건은 항상 잠재적인 사건이다.

예술 너머?

2004년 10월

상파울로 비엔날레의 문을 들어선 방문객은 단숨에 충격을 받는다. 그의 앞에서 "조지 5세의 악몽"이 코끼리를 공격하는 호랑이를 보여준다. 그의 오른쪽에는 고고학 박물관의 모형들과 흡사한 피라미드 장식이 펼쳐져 있고, 그의 왼쪽에는 재봉틀 기계 위에서 여자들이 자신들을 둘러싼 배경을 제작하기 위해서인 것처럼 실들을 모은다. 패치워크로 된 네모들 안에 털 인형들과 아이들의 제작 놀이들을 동시에 연상시키는 여러 색의 천들로 뒤덮인 망사로 된 도시나 농촌의 배경들이 배열돼 있다. 그것들은 현대 중국 안에서의 경제적 변화들과 정체성의 변동에 대해 물음을 던지는 것을 의미하는 것이다.

관람을 계속하면서 방문객은 특히 포르투갈에서 브라질까지의 대항해를 상기시키는 노르데스테 지역의 어선, 천으로 된 꿈의 집, 몽골의 천막, 파벨라(Favela, 브라질 리오 데 자네이로의 슬럼가)의 한 예술가가 만든 탑이나 자동차 모양의 램프들이 도시 모양으로 배열된 "폴리스 II 퍼즐", 커다란 프레스코처럼 붙여진 190개의 중국 농부들의 초상화들, 민족이나 종교 등 모든 조건들이 어우러진 말레이시아의 거실을 보여주는 10여 장의 사진 모음, 사회주의 이후의 가난을 증언하는 작은 폴란드 도시의 사진들, 자본주의의 풍요의 이면을 증언하는 미국 심층부의 더러운 배경의 사진들, 연못과 백조들이 있는 꽃핀 공원의 키치(kitsch) 한 큰 배경들 위에 붙여진 우크라이나 보통 사람들의 작은 사진들을 만날 것이다.

과거를 회고하는 사람들은 현대 예술은 "아무거나"의 지배라고 흔히들 말한다. 이 평가는 너무 일반적이어서 우리를 가르치지 못한다. 소위 아무거나는 항상 어떤 것이다. 그것은 예술의 형태들과 대상들—평범한 삶의 영상들이나 사용물들—사이의 관계들의 주어진 상태를 증언하는 결정된 혼합물이다. 많은 현대 예술 전시회들에서처럼 상파울로 비엔날레를 지배하는 것은 자신만의 변덕을 부리는 예술가들의 환상이 아니다. 방문객은 반대로 예술가들이 중국인이든 미국인, 브라질인, 인도네시아인 또는 슬로바키아인이든 그들이 가진 관심들과 그들이 사용하는 방식들의 유사함에 충격을 받는다. 그 통일성은 아마도 선정된 예술가들에게 도시라는 하나의 주제를 정해준 기획자의 선택에서 비롯된 것일 수 있다. 그러나 그 선택은 그 자체로 오늘날 큰 경향을 반영한다. 그것은 실재에 대한 일종의 강박이자 나아가 광신이다.

실재에 대한 강박은 여러 가지 형태를 갖는다. 그것은 지구화의 시기에 평범한 삶의 배경들을 정확히 우리에게 돌려주는 사진기계의 객관성을 통해 세계의 상태를 증언하고자 하는 걱정일 수 있다. 그것은 일상적 문화의 영상들이나 대중예술의 물건들을 예술가들의 개념적 장치들에 섞고자 하는 욕망일 수 있다. 동일한 시기에 리오데 자네이로에서 열린 "뚜도 에 브라질(Tudo e Brazil)" 전시회는 구성주의의 모더니즘을 대중적 예술이나 문화의 형태들과 결합하는 브라질 예술의 끈질긴 꿈을 증언했다. 수많은 도미노들이나 축구공 조각들로 만든 커다란 추상화들, 또는 길거리의 낙서나 그림 예술을 모아 보여주는 비디오 작품이 그것들이다. 그것은 또한 색칠된 화폭이나 사진 복제의 중개의 비현실성에서 벗어나 집, 천막, 배 등과 같은 3차원 공간 안에 그것들의 현실을 직접적으로 강제하는 물건들을, 진짜 물건들을 만들려는 의지이다. 마치 재현의 시뮬라크르에 대한 거부가 말레비치나 몬드리안[1] 시대에 예술을 특징지었던 방향과는 정반대의 방향을 취한 것처럼 말이다. 더 이상 추상화가 아니라 세상의 사물처럼 진짜 존재하는 물건을 지향하는 것이다. 『크라틸로스(*Cratylos*)』에서 플라톤은 닮음이 자신을 없앨 위험을 무릅쓰고 향하는 한계에 대해 이야기했다. 이 한계는 모델과 절대적으로 유사한 물건이다. 실제 사물과 더 이상 구분되지 않는 복제물이다. 크라틸로스주의는 기호나 영상을 더 이상 사물의 지표나 복사가 아니라 사물 자체로 만들려는 이 시도의 이름이 된다. 그리고 분명히 크라틸로스주의는 현대 예술의 전시회들을 떠도는 것처럼 이 비엔날레를 떠돈다.

그러나 실재에 대한 강박은 또한 사회현실 안에 직접적으로 개입하는 행위에 대한 강박이기도 하다. 현대 전시회들의 벽에는 그러한 개입들을 보여주는 사진이나 비디오들이 자주 등장한다. 정치 허구물의 연출을 통해 국가비밀의 핵심에 개입하는 지아니 모티[2]의 작품, 또는 모로코의 하위 프롤레타리아들에게 돈을 주고 자신들의 묘를 파면서 자신들에 대한 착취를 흉내 내도록 한 산티아고 시에라[3]의 작품이 보여주는 도발이 그것이다. 쿠바 예술가인 르네 프란시스코[4]가 비엔날레에서 소개한 작품 안에 나타난 도발은 문제가 아니다.

일군의 예술가들과 함께 그는 한 예술재단의 돈을 가난한 지역 거주민들의 욕구를 조사하는 데 사용했다. 그러나 욕구들에 대한 조사만으로는 충분하지 않고 그것들에 응답해야 한다. 르네 프란시스코의 비디오는 우리에게 노부부의 집에서 수도관 공사와 색칠을 다시 하느라 바쁜 예술가와 장인들을 보여준다. 큰 천에 드리운 노부부의 그림자가 그들을 바라본다.

거기에 예술이 있는가? 미학자들은 물을 것이다. 질문은 잘못 제기됐다. 왜냐하면 근대 예술 전체는 사물들의 현실 자체를 변형시키기 위해 그 자신으로부터 벗어나려는 생각에 사로잡혀 있었기 때문이다. 색칠된 형태들의 모음이라는 본질로 돌아온 추상화의 선구자들은 예술 이상인 예술, 공동생활의 형태로 변형되는 예술의 챔피언들이기도 했다. 더 이상 분리된 현실로서의 "그림"을 그리지 말고 삶의 형태들과 새로운 삶의 가구를 만들라. 이것이 몬드리안과 말레비치의 공통된 꿈이었다. 그것은 소비에트의 "새로운 삶"의 창조에 예술적 아방가르드가 동조하게 된 기반이었다.

따라서 새롭고 의미 있는 것은 세계에 대해 직접적으로 작용하는 예술의 의미가 아니다. 그것은 오늘날 이 의지에 의해 취해진 형태이다. 그것은 과거에 예술적 아방가르드와 사회주의의 건설자들도 거부했던 가장 빈곤한 사람들에 대한 개인적 도움의 형태이다. 새로운 삶의 형태들을 만드는 예술에 대한 꿈은 "관계적 예술"의 소박한 계획이 됐다. 그것은 작품들이 아니라 상황들과 관계들을 창조하려고 하는 예술이다. 거기에서 예술가는 이 예술의 프랑스 이론가가 말하는 것처럼 "사회관계의 결점들"을 고치는 데 적합한 "서비스 메뉴"를 사회에게 돌려준다.[5] 사회적 봉사로서의 이 예술의 미학이 맑스주의적 사회주의를 내세우는 마지막 나라들로부터 온 예술가들에 의해 비엔날레에서 특히 대표된다는 점은 분명 아이러니이다.

예술가들의 순진함과 기획자들의 교활한 술책을 문제 삼는 것은 전혀 흥미롭지 않다. 왜냐하면 실재에 대한 이 강박은, 단단한 물건인 어떤 것을 "하겠다"는 뜨거운 이 의지는, 세계의 상태에 대한 실제적 행동이나 증언은 커다란 혁명적 계획들뿐만 아니라 정치적 분쟁의 형태들 자체도 사라지는 경향이 있는 세상 안에서의 예술적 활동의 독특한 지위를 또한 반영하기 때문이다. 정치무대의 공백은 예술가들과 예술세계의 행위자들이 불평등, 모순, 그리고 갈등들의 현실을 증언하기 위해 자신들의 수단과 장소를 사용하도록 만든다. 그 현실을 합의적 담론은 보이지 않게 만들고 지배적인 운명론에 대한 그들의 개입 세안과 그 현실을 대립시키는 경향이 있다. 문제는 지배적 합의를 부수고 기존 질서를 문제 삼기 위한 많은 예술가들의 이 이론의 여지가 없는 노력이 그 자체로 합의적 묘사들과 카테고리들의 틀 안에 포함되는 경향이 있다는 것이다. 그 틀은 도발의 예술적 권력을 공동세계에 대한 증언과 가장 빈곤한 사람들에 대한 도움의 윤리적 임무들로 환원시킨다.

주

1 Pieter Cornelis Mondriaan (1872–1944). 네덜란드의 화가.
2 Gianni Motti (1958–). 이탈리아의 예술가.
3 Santiago Sierra (1966–). 스페인의 예술가.
4 René Francisco (1960–). 쿠바의 예술가.
5 저자 주 : Nicolas Bourriaud, *Esthétiques relationnelle*, Dijon, Les Presses du réel, 1998.

영상의 정치

2005년 2월

아우슈비츠의 연합군 점령 60주년 기념일에 아돌프 히틀러가 그의 벙커에서 보낸 마지막 날들을 그린 영화 「몰락(*La Chute*)」[1]이 나왔다. 역사와 영화의 이 새 소식은 다시금 가슴을 찌르는 질문을 제기한다. 유럽 유태인의 말살이라는 나치의 커다란 기획과 그것의 완수를 보여줘야 하는가 보여주지 말아야 하는가?

이 문제는 분명 두 가지 문제를 포함한다. 첫 번째는 역사적 픽션 일반의 문제이다. 어떻게 픽션의 필요조건들을 역사의 필요조건들과 양립시킬 것인가? 근대 혁명의 시대 전에는 이 질문은 전혀 제기되지 않았다. 역사가들은 왕들과 장군들의 업적들을 이야기했다. 대서사시는 일반인들 위에 위치한 인물들의 생각과 감정 그리고 행동들을 서술했다. 그러나 2세기 전부터 강자와 약자의 카드들처럼 허구적인 것과 역사적인 것의 카드들이 재분배됐다. 픽션은 법 앞의 만인의 평등을 공포했다. 역사는 국가의 결정들과 다중의 느리고 어두운 삶 사이에서 나뉘어졌다. 역사적 픽션은 두 논리들의 얽힘이 됐다. 그것은 우리에게 약자들의 시선과 사생활들의 격변을 통해 역사의 중요한 사실들을 보여준다. 「몰락」은 히틀러의 마지막 날들에 대한 역사가의 책과 총통의 전 비서의 증언을 바탕으로 구성됐다. 빔 벤더스[2]는 이런 혼합이 작가가 고유한 관점을 갖지 않아도 되도록 만든다고 감독을 맹렬히 비난했다. 그러나 위고와 톨스토이에게도 동일한 비난을 할 수 있었을 것이다. 『레미제라블』이나 『전쟁과 평화』는 톨스토이가 이론을 만들고 수많은 소설가들이나 영화인들이 그 형식을 사용한 이 흔들림을 기반으로 구성됐다.

따라서 비난은 그 자체에는 전혀 영향력이 없다. 그것은 사실 완전히 다른 문제를 은폐한다. 픽션의 그럴 듯함들과 구현된 인물들의 친숙함에 뒤섞여서 유명인들의 사실들은 우리와 가까워지며 우리가 느끼는 육체들에, 그리고 그것들을 정당화하는 설명 체계에 연관된다. 픽션은 용인돼야 한다. 그리고 픽션은 예를 들어 한 체계의 광기처럼 픽션이 보여주는 것을 용인할 만한 것으로 만들지 않고도 용인될 수 있을 것인가? 작가에게 자신의 관점을 가지라고 요구하는 것은 그에게 픽션의 이 자연적 논리를 거스르고 용인될 수 없는 것을 용인될 수 있는 것 안에 집어넣으라고 요구하는 것이다.

이 용인될 수 없는 것은 어떤 형태를 취해야 하는가? 「몰락」은 쉼 없이 히틀러나 그의 지지자들의 끔찍한 말들을 듣도록 만들며 우리에게 참을 수 없는 광경들—잘려진 몸, 총을 맞고 터지는 뇌, 자기의 여섯 아이들을 하나하나 차례로 독살하는 괴벨 부인의 냉정한 예식—을 보여준다. 그러나 끔찍한 말들은 자신의 벙커 안에, 그리고 자신의 광기 안에 갇힌 지친 한 남자의, 연극에서 우리가 보는 미친 왕들 중 한 명과 유사한 한 남자의 말들이다. 괴벨 부인의 끔찍한 세밀함은 자신과 자신의 가족을 예속에서 벗어나게 하는 고대 영웅들에 대한 기억을 불러일으킨다. 피투성이가 된 모든 육체들은 점령된 인민에게 속한다. 점령된 사람들에게는 항상 연민이 있다. 벙커의 평범한 일상이 나치의 범죄를 통속화시킨다면 끔찍한 말과 행동들의 기이함은 그 범죄를 비극적 공포 안에 집어넣는다.

사람들은 사건이 출발부터 덫에 걸려 있다고 말할 것이다. 재현된 것은 나치주의의 패배이다. 그러나 평가돼야 하는 것은 그것의 패배가 아니라 그것의 과거 "승리들"이고, 그것이 만들었던 끔찍한 질서이다. 영화 안에 없는 것은 그것의 진정한 희생자들이다. 자기 머리에 총을 쏜 장군들이 아니라 무엇보다 죽음의 수용소에 있었던 6백만 명의 죽은 사람들이다.

불행히도 이 점에서 동일한 문제가 제기된다. 그리고 아우슈비츠를 기념하기 위해 텔레비전에서 제공한 영화들의 선택은 그 질문을 다시 무대에 올렸다. 어떻게 수용소들을 보여줄 것인가? 물론 현재 뉴스의 영상들을 통해서는 아니다. 그것들은 그것들의 고유한 흔적들을 지운 절차의 논리 자체에 의해 부재한다. 그렇다면 「홀로코스트」 같은 방식의 픽션을 통해, 다시 말해 학살자 쪽이든 희생자 쪽이든 그 절차 속에 갇힌 몇몇 개인들의 운명을 통해? 그러나 바이스 가족의 비극적 운명에 대한 우리의 감정이입은 즉각 의심받는다. 고통받는 한 가족의 불행을 공유하는 것은 이 가족이 구현하게 돼 있는 것을 잊어버리는 것—한 민족 전체에 가해진 운명—이 아닌가? 가스실에 들어가는 사람들에 대해 우리가 느끼는 연민, 그리고 유태인 거주지 전투원들과 우리의 동일시는 역효과를 갖지 않는가? 그것들은 나치의 계획이 존재와 흔적조차도 제거하려 했던 사람들을 드러나게 만든다. 따라서 그것들은 우리가 한 집단의 말살이라는 전체적 계획의 끔찍함과 그 절차가 완수되는 동안의 침묵을 차갑게 바라보지 못하도록 만든다.

따라서 두 번째 문제는 다음과 같은 것이다. 어떻게 말살이라는 이 예외적 범죄에 픽션의 형태를 줄 수 있는가? 「홀로코스트」의 감상적 통속화에 맞서 「쇼아」의 엄격함을 대립시키는 것이 일반적이다. 클로드 란츠만의 영화는 실제로 모든 역사적 영상과 역사의 모든 픽션화를 동시에 거부한다. 그것은 과거가 단지 말살 장소의 침묵에 맞선 생존자들의 말을 통해서만 드러나기를 바란다. 그것은 그렇게 통속화의 두 형태들을 피한다고 주장한다. 육체들을 드러내면서 말살을 지우는 픽션의 형태와 보다 넓은 인과관계의 연쇄로 환원되는 이유들을 발견하는 역사적 자료의 형태가 그것이다.

따라서 말살에 대한 좋은 재현은 범죄의 끔찍함과 우리의 감성을 근접시키는 모든 영상을 범죄의 끔찍함과 분리하는 것이며, 범죄의 끔찍함에 우리의 지성으로 용인할 만한 이유를 제공하는 모든 설명과 분리하는 것이다. 그것은 재현 불가능한 것의 재현일 것이다. 그러나 질문이 즉각 제기된다. 이 좋은 재현은 무엇에 좋은 것인가? 답변은 분명히 되풀이된 말의 형태로 준비돼 있다. 자신들의 과거를 모르는 사람들은 그것을 다시 경험하게 돼 있다. 따라서 사람들은 "기억의 의무"를 관찰해야 하고, 그것이 반복되는 것을 피하기 위해 과거를 잘 바라봐야 한다고 우리에게 말한다. 그러면 이 말의 의미는 도대체 무엇인가? 그 말은 두 가지 것을 의미할 수 있다. 끔찍함을 도출한 생각들을 거부하도록 하는 참을 수 없는 것의 감정을 유발하기 위해 끔찍함의 감각적 현실을 보여줘야 한다. 또는 절차에 대한 지식이 그것의 재생산을 막을 수단을 도출하도록 하기 위해 이 생각들 자체가 어떻게 도출되는지를 보여줘야 한다. 그런데 좋은 재현의 순수주의는 각각의 추론들을 무효로 만든다. 용납할 수 없는 것으로 고통받는 육체들을 영상에 담는 것은 그 육체들을 감정적 연민이나 변태적 관음주의에게 제공하는 것이다. 학살에 이유를 제공하는 것은 학살에 정당화를 부여하는 것이다. 학살의 끔찍함은 그것의 고유한 계획의 끔찍함 외의 다른 원인이 없이 내버려둬야 한다. 그러나 과거가 다시 재생산되는 것을 피하기 위해 과거에 대한 지식을 기다리는 것은 어떤 효과도 없다. 기억의 정치는 자가당착에 빠진다. 그리고 좋은 재현은 나쁜 재현만큼이나 그 효과를 확신하지 못한다.

바로 여기에 사건의 본질이 있다. 역사를 재현하는 좋은 방식들과 나쁜 방식들의 대립은 두 문제를 뒤섞는다. 한편에서 그것은 용인가능성의 규범들을 규정한다. 그것은 범죄자들을 다른 사람들과 같은 사람들로 변형시키는 재현들에 맞서 들고 일어난다. 그것은 우리가 그의 개를 부드럽게 보거나 그의 비서를 정감 있게 대하는 독재자를 본다면 히틀러의 야만적 행위에 덜 민감해진다고 전제한다. 그러나 그것은 또한 이 용인가능성의 규범들이 유용성의 원칙들이기를 원한다. 그런데 어떤 점에서 그의 개나 비서를 때리는 히틀러의 영상이 나치주의에 맞선 전투의 명분으로 더 유용할 것인가? 그리고 어떤 점에서 비물질적인 기계로서 학살을 재현하는 것이 희생자들의 고통들이나 학살자들의 심정을 재현하는 것보다 반유태주의의 증오에 양분을 제공하는 데 더 적합한 것인가? 사람들은 민족말살의 끔찍함을 표현하고 그 희생자들의 기억을 존중하는 데 「쇼아」가 「홀로코스트」보다 더 적합하다고 말하기 위한 기준들을 항상 만들 수 있다. 그것으로부터 미래에 그 끔찍함과 동등한 형태들을 금지하는 그것들 각각의 능력을 추론하는 것은 다른 일이다. 지나간 끔찍함에 대해 말하는 좋은 방식과 미래에 끔찍함을 예방하는 유용한 방식 사이에는 어떤 필연적 관계도 없다. 미래를 보장하기 위해 과거에 대한 지식을 이용하고자 하는 경건한 생각은 아마도 인민들을 지배하고 전투에서 승리하기 위해 모방해야 하는 사례들을 왕들에게 가르치는 가정교사들과 왕들의 시대에 머무를 것이다.

주

1 Der Untergang(2004). 독일 영화 올리버 허쉬비겔(Oliver Hirschbiegel) 감독의 2004년 작품.

2 Wim Wenders(1945-). 독일의 영화감독.

민주주의와 그것의 의사들

2005년 5월

프랑스인들이 유럽헌법을 비준하는 국민투표에 반대표를 던질 것이라는 여론조사들이 여러 개 나온 후에 프랑스와 유럽의 정부 관료는 혼란에 빠졌다. 보수당 정부와 야당인 사회당이 모두 찬성표를 호소했는데 어떻게 그런 일이 가능한 것인가라고 사람들은 묻는다. 사람들은 즉시 프랑스인들이 이해하지 못했기 때문이라고 대답한다. 그들은 이 정부에 대한 그들의 의견을 묻는 것이 아니라 25개 유럽 국가들을 참여시키는 협정에 대한 그들의 의견을 묻는 것이라는 것을 잊고서 자신들의 정부에 대한 그들의 불만을 표현하고자 한다. 그러나 사람들이 그들에게 제기한 질문을 그들이 이해하지 못하는 것은 아마도 자신의 회복할 수 없는 쇠락을 우울하게 바라보는 한 국가의 불편함의 결과일 것이다.

프랑스인들은 오늘날 10년 또는 20년 전보다 더 큰 아픔을 느끼는가? 이 질문에 답하는 것은 어렵다. 그리고 그것은 아마 필요하지도 않을 것이다. 왜냐하면 어쨌든 진단이 병에 앞서기 때문이다. 완전히 준비된 이 설명을 즉각 불러일으키지 않는 놀랍거나 실망스러운 선거결과들은 없다. 사람들은 자신들에게 제시된 선택권을 이해하지 못했기 때문에 예정된 대로 투표하지 않았다. 그들은 불편함을 느꼈기 때문에 그 선택권을 이해하지 못했다. 그리고 그들은 쇠락하는 경제적 집단들, 사회계급들 또는 국민국가들에 속하기 때문에 불편함을 느낀다.

환자들의 전제된 불편함보다 더 우리가 주의를 기울일 가치가 있는 것은 의사들의 추론이 드러내는 불편함이다. 그것은 의견의 의료화이며, 공식적 기대들에 부합하지 않는 모든 투표를 병적 상태의 표현으로 해석하는 것이다. 우리가 한 투표집단에게 그들의 정부가 제안한 조치에 찬성이나 반대를 하는지 알고자 하는 질문을 한다면 그 제안에 답변이 부정적이라는 가설을 포함시켜야 한다. 바로 거기에서 우리의 민주국가들과 투표자의 100%에 약간 모자라거나 심지어 100%가 조금 넘는 찬성으로 흔들림 없이 선출된 정부들이 있는 국가들이 나뉜다. 그렇다면 왜 원래 시민들에게 부여된 이 예측할 수 없는 자유로운 선택이 사실로 드러나거나 예측되지 못한 답변으로 드러날 위험이 있을 때 많은 놀라움과 유감이 나타나는가? 대중투표에 주어진 자유로운 선택권이 현실적으로 좋은 답변을 식별하는 그것의 능력에 대한, 그리고 그것을 허용하거나 방해하는 건강상태에 대한 테스트라는 것이 밝혀지는 이 이상한 구조는 무엇을 의미하는가?

대중적 선택의 유효성을 의심한 것은 과거의 일이 아니다. 새로운 것은 그것이 오늘날 특히 그것의 원칙을 찬양하는 사람들에 의해 고발된다는 것이다. 오랫동안 이 고발은 정부의 선택을 "천민들"의 손에 맡긴다고 한탄하는 "엘리트들"의 작품이었다. 그 후 맑스주의자들은 계급투쟁과 지배의 현실을 숨기는 형식적 민주주의의 환상을 고발했다. 오늘날 이 원칙에 대해 불안해하는 것은 바로 소위 민주적 체제들의 통치자들이다. 그들은 그들의 동료 시민들의 자유로운 선택을 내세운다. 그러나 그들이 제안한 조치들도 그 자유로운 선택에 달려 있다는 것을 즉각 한탄한다.

왜냐하면 이 조치들은 그들에 따르면 자유로운 선택이 아니라 사물들의 필요성에 속하기 때문이다. 선거 테스트가 지능 테스트와 선거집단의 건강 테스트가 되는 것은 우리가 이중 정당성의 체제하에 살기 때문이다. 우리 정부들은 그들의 권위를 두 개의 상반된 이성체계들을 기반으로 만든다. 그들은 한편으로는 대중 선택의 덕목을 통해 그렇게 하고, 다른 한편으로는 그들이 가진 능력—그 능력은 그들을 선택한 인민에게 원칙적으로 없는 것으로 사회의 문제들에 대한 좋은 해결책들을 선택하는 능력이다—을 통해 그렇게 한다. 그런데 이 좋은 해결책들은 전문적 지식의 일이지 자유로운 선택의 일이 아닌 사물들의 객관적 상태에 대한 지식으로부터 나오기 때문에 선택돼서는 안 된다는 점에서 구별된다. 통치자들의 덕목은 통치자들을 선택하는 인민을 통치자들로부터 분리시키는 덕목으로 선택될 수 있는 것—그들 자신—과 그럴 수 없는 것—사물들의 상태와 그들이 갖다준다고 제안하는 해결책들—사이를 구분할 줄 아는 것이다.

통치자들의 행동을 정당화하는 전문가적 지식과 그들의 존재를 정당화하는 대중의 자유로운 선택 사이의 조화가 어느 정도 미리 전제돼 있었던 시기가 있었다. 그 두 원칙들은 오늘날 서로 분리되는 경향이 있지만 완전히 남이 되지는 않는다. 바로 이 간격을 메우기 위해 선거절차는 교육적 테스트와 치료적 절차라는 이 이상한 모습을 띤다. 한편에서 그것은 옳은 답을 아는 선생이 학생들이 직접 답을 발견하도록 하기 위해 답을 모르는 척하는 교육적 산파술과 점점 더 비슷해진다. 그러나 교육적 논리 안에서는 선생이 언제나 승리한다. 그는 그의 방법을 통해 교육된 학생들의 뛰어남을 증명하거나 그가 없다면 옳은 답을 발견하지 못하는 그들의 무능력을 증명한다. 우리 통치자들의 경우에 그 훈련방법은 좀더 위험하다. 바로 그들의 학생들의 무능력이 그들의 능력의 기반이 되지만 그 무능력은 우선적으로 그들에 맞서 행사될 위험이 있다.

따라서 교육적 훈련은 병든 사회집단에 대한 돌팔이 정신분석학으로 변형된다. 인민이 진정으로 선택할 수 있다고 믿고 결과적으로 현실을 거부하는 자살적 입장을 택한다면 인민은 병든 사람들이라는 것을 주권을 가진 인민에게 보여주기 위해 통치자들, 전문가들 그리고 기자들이 그들에 대해 사용하는 여론조사들과 엄청난 해석작업으로 구성된 이 시뮬레이션 훈련들의 중요성이 그 정신분석학으로부터 도출된다. 따라서 선거절차는 심리치료 요법으로 변형된다. 거기에서 사람들은 부정의 위기에 처할 때까지 다가가면서 자기 자신에게 겁을 주고 그것을 통해 자신의 정신적 균형을 되찾을 것을 요구받는다.

유럽의 국민투표는 이 논리를 백일 하에 드러낸다. 부정적 대중선거의 위험들을 쫓아내고자 하는 사람들은 본질적으로 두 개의 주장들을 사용한다. 첫 번째, 이 유럽 헌법은 기존의 것을 전혀 바꾸지 않는다. 유럽의 "자유적" 표류를 고발하는 반대자들이 공격하는 모든 장치들은 이미 기존 제도 안에서 사용되는 것이었다. 따라서 지금 그것에 반대하는 것은 헛된 일이다. 두 번째, "대안"은 없다. 악의적 사람들은 이 두 주장들이 서로 모순된다고 말할 수 있을 것이다. 모든 것이 전에 있던 것과 똑같다면 대안이 필요하지도 않고 아마 새로운 헌법도 필요 없을 것이다. 그러나 이렇게 답변하면서 그들은 스스로를 악의적 · '부정적' 이라고 고발하는 셈이다. 왜냐하면 그 주장은 존재하는 것에게 '예' 라고 말해야 한다는 것일 뿐이기 때문이다. 존재하는 것에게 예라고 말하지 않으면 그것의 반대에게, 즉 아무것도 없음에게 예라고 말하는 것이기 때문이다. 부정적이 아니라 긍정적이어야 한다는 것이 주장이다.

바로 여기에 실제로 정당성의 두 원칙들—존재하는 것을 식별하고 그것에 적응할 수단들을 고정시키는 전문가적 지식, 그리고 그 통치자들의 선택에 대해서는 주권이 있다고 선언되지만 그 정부의 내용을 형성하는 현실의 결정에 대해서는 주권을 가질 수 없는 대중선거—을 일치시키는 유일한 수단이 있다. 유럽과 같은 초국가적 공간들을 구성하는 목적은 그런 것이다. 즉 주권 인민과 그의 주권의 공간 사이의 관계를 뒤흔드는 것이다. 작은 국민국가들을 그것들을 포함할 더 큰 것으로 대체하는 것만이 문제라면 일은 간단할 것이다. 그러나 문제가 되는 것은 그것이 아니다. 유럽 헌법은 사실 헌법이 아니다. 그것은 어떤 인민의 발현도 아니고 어떤 국가를 만들지도 않는다. 그러나 헌법이 아닌 이 헌법은 바로 그렇기에 주권 인민과 관할 국가 사이의 관계들에 대한 새 지도를 그린다. 그것은 인민의 주권이 행사되는 상징적 공간과 국가의, 국가 간의 관할권이 행사되는 물질적 공간 사이의 관계를 느슨하게 한다. 그것은 대중선거의 정당성과 전문가적 지식의 정당성 사이의 문제 없는 공존의 공간을 만들려는 우리 국가들의 노력을 완수한다.

문제의 본질은 실제로 이것이다. 그것은 어떤 인민이나 어떤 집단의 불편함에 대한 것이 아니다. 그것은 의회국가들과 그것들을 정당화하는 대중선거 사이의 관계에 대한 것이고, "민주주의들"과 그것들의 고유한 명칭 사이의 관계에 대한 것이다.

저자 : 자크 랑시에르(Jacques Rancière)

1940년 알제리 출생. 파리에 있는 그랑제콜 중 하나인 ENS(Ecole Normale Supérieure)를 졸업했다. 루이 알튀세르와 함께 『자본론 읽기』의 집필에 참여했다. 1974년 알튀세르의 이론을 비판하며 알튀세르와 결별한 후 1975년에서 1981년까지 『논리적 봉기(*Les Révoltes Logiques*)』라는 잡지의 편집을 맡았다. 1968년부터 2000년까지 파리 8대학교 철학과에서 교수를 지냈고 현재는 명예교수로 있다. 지금까지 25권이 넘는 책을 저술했다. 대다수는 철학, 정치, 미학에 관련된 책들이며, 문학과 영화 관련 책들도 일부 있다.

역자 : 주형일

서울대학교 신문학과(언론정보학과)를 졸업하고 프랑스 파리 5대학교에서 사회학 박사, 파리 1대학교에서 미학 DEA학위를 받았다. 현재 영남대학교 언론정보학과 교수로 재직 중이다. 주요 저서로는 『이미지를 어떻게 볼 것인가?』, 『사진 : 매체의 윤리학, 기호의 미학』, 『영상매체와 사회』, 『내가 아는 영상기호분석』 등이 있고 『문화의 세계화』, 『소리 없는 프로파간다』, 『중간예술』, 『섬광세계』, 『일상생활의 혁명』, 『미학 안의 불편함』 등을 번역했다.

합의의 시대를 평론하다

초판1쇄 / 2011년 1월 15일

지은이 **자크 랑시에르**
옮긴이 **주형일**
펴낸이 **여국동**
펴낸곳 **도서출판 인간사랑**
인 쇄 **백왕인쇄**

출판등록 1983. 1. 26. / 제일 3호

(411- 815) 경기도 고양시 일산구 백석동 1178-1
TEL (031)901-8144, 907-2003
FAX (031)905-5815
E-mail igsr@yahoo.co.kr / igsr@naver.com

정가 15,000원

ISBN 978-89-7418-016-4 03800